Preparación de proyectos de diseño gráfico

Anabel Carrillo Garrido

ic editorial

Preparación de proyectos de diseño gráfico
© Anabel Carrillo Garrido

1ª Edición

© IC Editorial, 2025

Editado por: IC Editorial
c/ Cueva de Viera, 2, Local 3
Centro Negocios CADI
29200 Antequera (Málaga)
Teléfono: 952 70 60 04
Fax: 952 84 55 03
Correo electrónico: iceditorial@iceditorial.com
Internet: www.iceditorial.com

ISBN: 978-84-1184-700-1
Depósito Legal: MA 544-2025

Impresión: PODiPrint
Impreso en Andalucía – España

Nota de la editorial: IC Editorial pertenece a Innovación y Cualificación S. L.

Presentación del manual

El **Certificado de Profesionalidad** es el instrumento de acreditación, en el ámbito de la Administración laboral, de las cualificaciones profesionales del Catálogo Nacional de Cualificaciones Profesionales adquiridas a través de procesos formativos o del proceso de reconocimiento de la experiencia laboral y de vías no formales de formación.

El elemento mínimo acreditable es la **Unidad de Competencia.** La suma de las acreditaciones de las unidades de competencia conforma la acreditación de la competencia general.

Una **Unidad de Competencia** se define como una agrupación de tareas productivas específica que realiza el profesional. Las diferentes unidades de competencia de un certificado de profesionalidad conforman la **Competencia General,** definiendo el conjunto de conocimientos y capacidades que permiten el ejercicio de una actividad profesional determinada.

Cada **Unidad de Competencia** lleva asociado un **Módulo Formativo,** donde se describe la formación necesaria para adquirir esa **Unidad de Competencia,** pudiendo dividirse en **Unidades Formativas.**

El presente manual desarrolla la Unidad Formativa **UF1455: Preparación de proyectos de diseño gráfico,**

perteneciente al Módulo Formativo **MF0696_3: Proyecto de productos gráficos,**

asociado a la unidad de competencia **UC0696_3: Desarrollar proyectos de productos gráficos,**

del Certificado de Profesionalidad **Diseño de productos gráficos.**

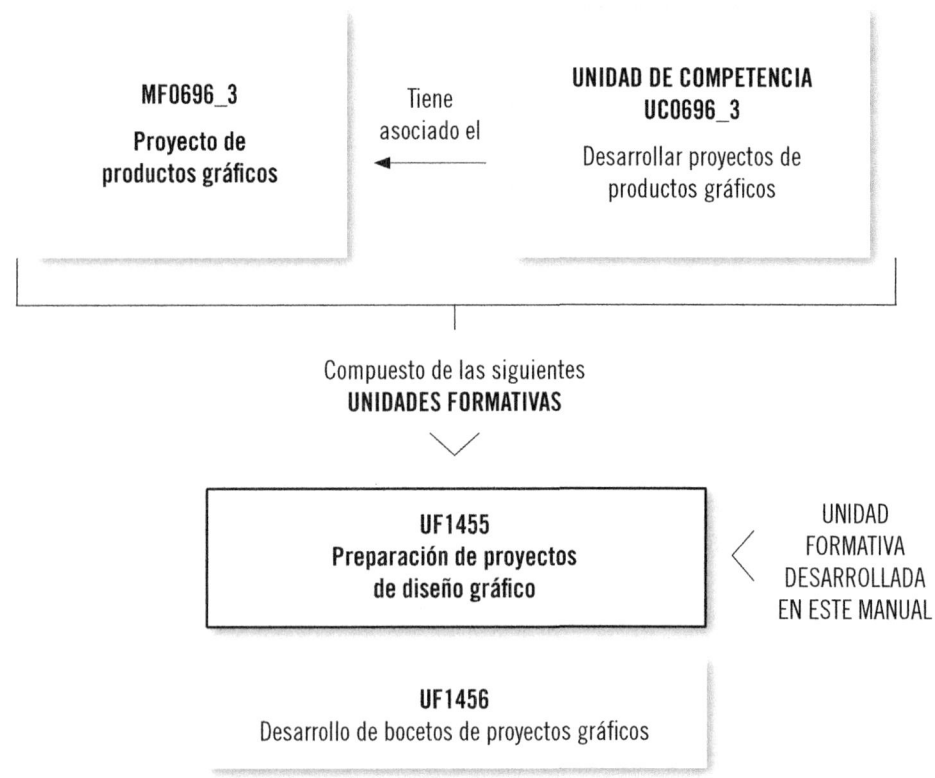

MF0696_3

Proyecto de productos gráficos

Tiene asociado el

UNIDAD DE COMPETENCIA UC0696_3

Desarrollar proyectos de productos gráficos

Compuesto de las siguientes **UNIDADES FORMATIVAS**

UF1455 Preparación de proyectos de diseño gráfico

UNIDAD FORMATIVA DESARROLLADA EN ESTE MANUAL

UF1456 Desarrollo de bocetos de proyectos gráficos

FICHA DE CERTIFICADO DE PROFESIONALIDAD

(ARGG0110) DISEÑO DE PRODUCTOS GRÁFICOS (R. D. 1520/2011, de 31 de octubre)

COMPETENCIA GENERAL: Desarrollar proyectos gráficos a partir de las especificaciones iniciales del producto; elaborando bocetos, seleccionando y adecuando color, imágenes y fuentes tipográficas; creando elementos gráficos, maquetas y artes finales; utilizando herramientas informáticas; realizando presupuestos en función de las características del proyecto y verificando la calidad del producto terminado.

Cualificación profesional de referencia	Unidades de competencia	Ocupaciones o puestos de trabajo relacionados:
ARG219_3 DISEÑO DE PRODUCTOS GRÁFICOS (R. D. 1228/2006, de 27 de octubre)	UC0696_3 Desarrollar proyectos de productos gráficos	• Diseñador gráfico • Grafista • Maquetista • Arte finalista
	UC0697_3 Tratar imágenes y crear elementos gráficos con los parámetros de gestión del color adecuados	
	UC0698_3 Componer elementos gráficos, imágenes y textos según la teoría de la arquitectura tipográfica y la maquetación	
	UC0699_3 Preparar y verificar artes finales para su distribución	

Correspondencia con el Catálogo Modular de Formación Profesional

Módulos certificado	Unidades formativas	Horas
MF0696_3: Proyecto de productos gráficos	UF1455: Preparación de proyectos de diseño gráfico	50
	UF1456: Desarrollo de bocetos de proyectos gráficos	90
MF0697_3: Edición creativa de imágenes y diseño de elementos gráficos	UF1457: Obtención de imágenes para proyectos gráficos	40
	UF1458: Retoque digital de imágenes	70
	UF1459: Creación de elementos gráficos	50
MF0698_3: Arquitectura tipográfica y maquetación	UF1460: Composición de textos en productos gráficos	90
	UF1461: Maquetación de productos editoriales	50
MF0699_3: Preparación de artes finales	UF1462: Elaboración del arte final	60
	UF1463: Arte final multimedia y e-book	30
	UF1464: Calidad del producto gráfico	30
MP0312: Módulo de prácticas profesionales no laborales		40

Índice

Capítulo 3
Materias primas, soportes y producción del producto gráfico

Capítulo 4
Presupuesto del proyecto para la creación de un producto gráfico

Capítulo 1
Metodología del proyecto gráfico

Contenido

1. Introducción

Un proyecto gráfico es un conjunto de actividades planificadas y coordinadas que tienen como objetivo la creación o desarrollo de productos de diseño gráfico, tanto impresos como digitales. Su ejecución implica la aplicación de principios de diseño y comunicación visual para cumplir con un propósito específico, ya sea informar, persuadir, entretener o promover una marca o idea. Este tipo de proyectos suelen abarcar diferentes etapas, desde la conceptualización y la investigación inicial hasta la ejecución y la entrega final del producto gráfico.

La aplicación de una metodología establecida en proyectos de diseño gráfico no solo garantiza una estructura organizativa eficiente, sino que también impulsa la sinergia y la comunicación fluida tanto entre los miembros del equipo como con el cliente. La metodología proporciona un marco de trabajo coherente que permite una gestión más efectiva de los recursos, una adaptabilidad a los cambios en los requisitos del proyecto y una mayor claridad en la comprensión de las necesidades del cliente. En última instancia, una metodología bien definida en proyectos de diseño gráfico es esencial para asegurar el éxito a largo plazo de cada proyecto.

2. Delimitación de los requerimientos del cliente. informe de registro

El **informe de registro o *briefing*** es un documento que recopila información esencial proporcionada por el cliente al diseñador. Su propósito principal es garantizar la comprensión por parte de todos los miembros del equipo involucrados en el proyecto y establecer objetivos claros desde el inicio.

 Actividades

1. ¿Es lo mismo *brief* que *briefing?* ¿Cree que son términos que se usan indistintamente?

La delimitación de los requerimientos del cliente en el *briefing* es esencial para garantizar que se cumplen las expectativas. Los pasos para ello son:

1. **Identificar los objetivos,** incluyendo la promoción del producto, el aumento del conocimiento de una marca, el *engagement,* etc.
2. **Definir el alcance,** lo que ayuda a delimitar las tareas.
3. **Especificar los requisitos técnicos** relevantes.
4. **Identificar las limitaciones del proyecto,** como restricciones presupuestarias, plazos, etc.
5. **Incorporar el estilo de la marca** que el cliente desea reflejar en los diseños.
6. **Confección del documento de *briefing.***
7. **Confirmación.** Por último, se deberá confirmar con el cliente que todos los requerimientos se han entendido y registrado correctamente.

 Definición

Engagement
Se refiere al nivel de compromiso, participación o interacción que una persona tiene con una determinada actividad, producto, marca o comunidad.

 Actividades

2. Definir el alcance del proyecto es definir sus metas. Normalmente las grandes metas de un proyecto empresarial de cualquier tipo deben considerarse SMART. Es un acrónimo que define cómo deben ser las metas. Busque información e indique a qué cualidades se refiere.

3. Componentes del informe de registro

El informe de registro o *briefing* de un proyecto gráfico es una hoja que debe contener varios apartados o componentes clave:

- Resumen: breve introducción que describe los objetivos del proyecto.
- Información del cliente: datos, historia, valores y posición en el mercado.
- Objetivos del proyecto: promover un producto, generar *leads,* etc.
- Público objetivo: características demográficas, comportamientos, etc.
- Competencia: análisis de esta y ejemplos exitosos del mercado.
- Requisitos técnicos: especificaciones, como formatos o resolución.
- Restricciones de presupuesto, plazos de entrega, etc.
- Cronograma: fechas clave, como la fecha de inicio y finalización.
- Recursos, tanto materiales como humanos.
- Presupuesto disponible.
- Método de revisión y aprobación.
- Términos legales, que deben ser aceptados por ambas partes.

 Definición

Leads
Son las personas o empresas que han mostrado interés en los productos o servicios que ofrece una empresa.

La recopilación de estos datos servirá como una guía completa de la metodología que se va a llevar a cabo en el proyecto gráfico.

Nota

También se pueden incluir los KPI, los indicadores clave de desempeño, unas métricas esenciales utilizadas para medir la eficacia y el éxito de un proyecto gráfico.

 Actividades

3. Indique un KPI de satisfacción del cliente, otro de *engagement* y otro de generación de *leads*.

 Aplicación práctica

Realice el informe de registro sobre una imprenta llamada EcoPrinter S. A. dedicada a la producción y comercialización de productos ecológicos y sostenibles. Describa todos los componentes estudiados.

Continúa en página siguiente >>

<< Viene de página anterior

SOLUCIÓN

Resumen

El propósito es crear una campaña para promover la nueva línea de productos ecológicos de EcoPrinter S. A.

Información del cliente

Nombre: EcoPrinter, S. A.
Historia: empresa fundada en 2012, dedicada a la producción y comercialización de productos ecológicos y sostenibles de papelería.
Valores: sostenibilidad, responsabilidad ambiental y calidad.
Posición en el mercado: líder en el sector de productos ecológicos en Andalucía.

Objetivos del proyecto

- Promover la nueva línea de productos ecológicos.
- Generar *leads* y aumentar las ventas.
- Fomentar el *engagement* dentro del interés por lo sostenible.

Público objetivo

Adultos de 30-45 años, interesados en productos ecológicos y sostenibles. Principalmente en Andalucía, con extensión a otras comunidades.

Competencia

Empresas como BioPaper y GreenGoods

Requisitos técnicos

- Formatos: PDF para impresiones, JPEG/PNG para imágenes digitales.
- Resolución: 300 dpi para impresiones, 72 dpi para digitales.
- Tamaño: folletos A5, carteles A2, *banners* digitales 1.200 x 600 px.

Continúa en página siguiente >>

<< Viene de página anterior

Limitaciones

Presupuesto: 8.000 euros
Plazos de entrega: se debe lanzar el 1 de octubre de 2025.

Cronograma

Fecha de inicio: 1 de julio de 2025
Fases del proyecto: investigación y conceptualización: 1-15 de junio / diseño
preliminar: 15-31 de julio / revisión y ajustes: 31-15 de agosto / producción final:
1-15 de septiembre / aprobación final: 16-31 de septiembre

Recursos

Materiales: papel reciclado y tintas ecológicas
Personal: diseñadores gráficos, *copywriters,* expertos en *marketing* digital
Herramientas: *Adobe Creative Suite* y *Trello*

Presupuesto

Total disponible: 8.000 euros

Revisión y aprobación

Presentación al cliente y ajustes, aprobación final por parte del cliente.

Términos legales

Acuerdo de confidencialidad sobre los detalles del proyecto.
Propiedad intelectual: los diseños finales serán propiedad de EcoPrinter, S. A.
Pago: 50 % al inicio del proyecto, 50 % al finalizar.

4. Conocimiento del mercado: materiales y servicios

Un conocimiento profundo del mercado es esencial, ya que permite entender las necesidades y preferencias de sus clientes, así como las tendencias actuales en materiales y servicios. La selección adecuada de materiales y servicios influye en la calidad del producto final y en la percepción de la marca. En un proyecto gráfico, los **materiales y servicios** pueden variar, pero normalmente están involucrados los siguientes:

Materiales	Servicios
Papel y materiales de impresión: tipos de papel, tintas y barnices u otros materiales para acabados	Diseño gráfico: diseño de carteles, portadas, interiores, etc.; maquetación de páginas web, libros, etc.
Materiales para encuadernación: cartulinas, telas, u otros materiales, adhesivos, material de cosido, etc.	Impresión y producción: tipos de impresión, servicios de encuadernación y acabados
Recursos digitales: bibliotecas de elementos de diseño con fuentes, ilustraciones, etc.	Digitalización y escaneo de materiales impresos, ilustraciones o fotografías, etc.
Equipo técnico: equipos y *software* de diseño gráfico, de preimpresión e impresoras, de encuadernación, etc.	Análisis del mercado, consultoría de diseño gráfico
	Servicios de fotografía: sesiones de fotografía o edición de imágenes
	Envío, empaquetado y distribución
	Gestión de proyectos: coordinación del proyecto gráfico, comunicación con clientes y proveedores, etc.

 Actividades

4. ¿Qué materiales y servicios se deberían tener en cuenta dentro del mercado de empresas de *packaging* de productos gráficos?

5. Prospección de materiales atendiendo al producto del que se trate

Un **producto gráfico** es cualquier producto tangible que se haya diseñado, creado o producido con el uso de elementos visuales, como imágenes, gráficos, texto y colores, con el propósito de comunicar un mensaje específico o transmitir una idea.

El diseño gráfico abarca una variedad de aplicaciones que se adaptan a diferentes tipos de productos gráficos con diferentes objetivos.

- **Diseño editorial:** crear materiales de lectura atractivos. Productos: revistas, periódicos, libros, catálogos, *e-books,* etc.
- **Diseño gráfico publicitario:** promover productos o servicios con mensajes persuasivos. Productos: anuncios, *banners,* publicaciones en redes sociales, etc.
- **Identidad corporativa:** desarrollar una imagen visual coherente y reconocible para una empresa o marca. Productos: logotipos, elementos de señalización, uniformes, etc.
- **Diseño de *packaging:*** diseñar envases y embalajes. Productos: cajas, etiquetas, bolsas, botellas, etc.
- **Diseño de interfaz de usuario (UI) y experiencia de usuario (UX):** crear interfaces digitales intuitivas. Productos: sitios web, aplicaciones móviles, *software,* juegos, etc.
- **Diseño de exposiciones y eventos:** crear experiencias visuales para exposiciones, ferias y eventos. Productos: *stands* de exposición, materiales promocionales, etc.
- **Diseño de infografías y otros productos similares:** presentar información compleja de manera clara y atractiva. Productos: infografías, gráficos, mapas, diagramas, tablas, etc.
- **Diseño ambiental y de espacios:** mejorar la estética y la funcionalidad de entornos físicos. Productos: diseño de interiores, decoración de espacios, etc.

Una vez aclarado el producto gráfico que se va a desarrollar, se deberá llevar a cabo una prospección o análisis de los materiales que van a ser usados para el proyecto.

 Ejemplo

Si una empresa está realizando un folleto publicitario, la prospección de materiales implicaría investigar tipos de papel, tintas, acabados y técnicas de impresión, para determinar cuáles son los más adecuados para transmitir el mensaje de manera efectiva y atractiva.

5.1. Técnicas de prospección de materiales

La prospección de materiales en función del producto del que se trate es un proceso que requiere de diferentes métodos o técnicas para investigar y evaluar los materiales. Algunas técnicas son:

- Utilizar recursos en línea, como bases de datos de materiales o sitios web de fabricantes, para obtener información sobre las características, disponibilidad y precios de diversos materiales.
- Contactar con proveedores de materiales para solicitar muestras, catálogos y detalles técnicos sobre los productos que ofrecen.
- Visitar ferias comerciales donde se exhiban materiales y productos relacionados, que permitan tanto ver materiales en persona como establecer contactos con proveedores y fabricantes.
- Obtener muestras de diferentes materiales y realizar pruebas para evaluar sus propiedades físicas, químicas y estéticas.
- Buscar asesoramiento de expertos que puedan proporcionar información y recomendaciones basadas en su experiencia y conocimientos técnicos.
- Por último, realizar un análisis de mercado para identificar las tendencias y las preferencias del consumidor en cuanto a materiales.

 **Actividades**

5. Indique otras técnicas que podrían servir para la prospección de materiales. Busque ejemplos concretos que se hayan llevado a cabo.

6. Métodos de búsqueda y fuentes de información

La búsqueda de información es esencial en el desarrollo de proyectos gráficos, ya que permite comprender el contexto del proyecto, alinearlo con los objetivos de la empresa y satisfacer las expectativas del cliente.

6.1. Las fuentes de información

Las fuentes de información son los lugares o medios donde se puede encontrar información relevante sobre un asunto específico.

- **Fuentes primarias:** información que se recopila de primera mano y no ha sido interpretada ni analizada previamente. Por ejemplo, entrevistas, observaciones directas, informes técnicos o registros.
- **Fuentes secundarias:** información que se deriva o se basa en fuentes primarias y que ha sido interpretada, analizada o resumida por otros autores. Por ejemplo, libros o estudios de mercado.
- **Fuentes terciarias:** información que se compila a partir de fuentes secundarias para proporcionar un resumen o una visión general de un tema. Por ejemplo, enciclopedias o manuales de referencia.
- **Fuentes académicas:** información producida por académicos y expertos en un campo específico. Por ejemplo, artículos académicos, tesis doctorales y publicaciones especializadas.
- **Fuentes empresariales:** datos y documentos generados por empresas, sobre sus operaciones, productos o servicios. Por ejemplo, informes financieros, comunicados de prensa o sitios web corporativos.

- **Fuentes gubernamentales:** información producida por agencias gubernamentales sobre cuestiones de interés público. Por ejemplo, datos censales, leyes y normativas o boletines oficiales.
- **Fuentes digitales:** datos y recursos disponibles en internet, que pueden incluir una amplia gama de fuentes primarias, secundarias y terciarias. Por ejemplo, sitios web, redes sociales o *podcasts.*
- **Fuentes de medios de comunicación:** información producida por medios de comunicación. Por ejemplo, artículos de noticias, reportajes, entrevistas, documentales y programas de investigación.
- **Fuentes personales:** información obtenida a través de la experiencia personal, la opinión experta o el conocimiento directo de un tema. Por ejemplo, entrevistas, blogs personales y redes sociales.

 Consejo

Cada tipo de fuente de información tiene sus propias características y utilidades. Es importante evaluar críticamente la relevancia, la credibilidad y la fiabilidad de cada fuente.

6.2. Métodos de búsqueda de información

Los métodos de búsqueda de información son procedimientos utilizados para extraer datos relevantes según las necesidades de un proyecto, para facilitar la investigación comercial o el estudio de mercado a través de diversas fuentes. Los más usuales son:

1. **Búsqueda en internet:** en motores de búsqueda como *Google, Bing* o *DuckDuckGo,* sitios web y foros para obtener opiniones de profesionales.
2. **Investigación de mercado:** estudios de mercado de diferentes fuentes como empresas de investigación de mercado, instituciones u organismos.
3. **Consulta de fuentes académicas y científicas:** búsqueda en bases de datos académicas como *JSTOR* o *Google Scholar,* y revistas especializadas.

4. **Visitas a bibliotecas y archivos:** para acceder a libros, revistas, periódi-cos y otros recursos impresos relacionados.
5. **Participación en eventos** profesionales para establecer contactos.
6. **Establecimiento de redes profesionales.**

7. Técnicas de recogida de datos

La recogida de datos es el proceso de recopilación de información relevante y útil para un propósito específico. Puede realizarse de forma **cuantitativa,** ob-teniendo información numérica y estadística, o **cualitativa,** recopilando infor-mación descriptiva y detallada sobre percepciones, opiniones y experiencias.

Algunas **técnicas** de recogida de datos útiles para un proyecto gráfico son:

- Entrevistas con el cliente.
- Encuestas y cuestionarios.
- Análisis de la competencia.
- *Focus groups* (sesiones de discusión en grupo diseñadas para explorar opiniones y experiencias sobre un tema específico).
- Investigación de mercado a través de la observación directa y sistemática de personas, eventos o situaciones en su entorno natural, sin intervenir.
- Análisis de datos demográficos.
- Revisión de proyectos gráficos anteriores.

 Nota

Además, es importante considerar las técnicas de muestreo utilizadas para seleccionar la muestra de participantes en la investigación. Estas pueden incluir muestreo aleatorio, muestreo por conveniencia o muestreo estratificado.

7.1. La búsqueda en internet

Buscar en internet es una técnica clave en la recogida de datos, ya que ofrece acceso inmediato a una amplia gama de recursos y facilita la investigación sobre la marca, alineando el diseño con sus valores y objetivos.

Los dos métodos de búsqueda principales en internet son los siguientes.

Búsqueda básica

Este método implica introducir una o más palabras clave en un motor de búsqueda y recibir resultados que coincidan con esas palabras clave. Es el método más común y simple. Los motores de búsqueda utilizan algoritmos para encontrar páginas web que contienen las palabras clave especificadas.

 Nota

Los usuarios pueden refinar su búsqueda utilizando operadores de búsqueda como comillas para buscar una frase exacta, el signo menos (-) para excluir términos específicos o el operador OR para buscar páginas que contengan al menos uno de varios términos.

Búsqueda avanzada

La búsqueda avanzada ofrece funciones más específicas y detalladas para refinar los resultados de búsqueda, usando filtros y otros parámetros para obtener resultados más precisos. Estas funciones pueden incluir la búsqueda por fecha, tipo de archivo, ubicación, idioma, sitio web específico, etc.

 **Nota**

También pueden utilizar operadores de búsqueda avanzados como AND para buscar páginas que contengan todas las palabras clave especificadas, NOT para excluir términos específicos, y otros operadores como *, ~ y OR.

 Actividades

6. Realice una búsqueda avanzada de información sobre materiales de cosido para encuadernación e indique sus resultados.

7.2. El análisis DAFO

El **análisis DAFO,** también conocido como análisis FODA (fortalezas, oportunidades, debilidades y amenazas), es una herramienta utilizada para evaluar la situación actual de una empresa, proyecto o situación específica. Consiste en identificar y analizar tanto los factores internos (fortalezas y debilidades) como los factores externos (oportunidades y amenazas) que pueden afectar al proyecto.

Ejemplo

Fortalezas	Debilidades
- Equipo de diseño altamente capacitado y creativo. - Experiencia previa exitosa en proyectos gráficos. - Buena reputación en la industria por la calidad y la innovación de sus diseños.	- Limitaciones en la capacidad de manejar múltiples proyectos simultáneamente. - Dependencia de ciertos proveedores de materiales, lo que puede afectar la flexibilidad y los plazos de entrega. - Altos costes operativos debido al uso de tecnología especializada.
Oportunidades	**Amenazas**
- Posibilidad de expandir la oferta de servicios a través de nuevas tecnologías de diseño. - Potencial para establecer alianzas estratégicas con agencias de *marketing* digital. - Aprovechamiento de la tendencia hacia la digitalización.	- Competencia intensa en el mercado de diseño gráfico. - Posibles cambios en las preferencias del cliente o en las tendencias de diseño que podrían afectar a la demanda de servicios. - Riesgo de fluctuaciones en los costes de los materiales y servicios.

Aplicación práctica

Una empresa de diseño de libros de material didáctico quiere contratar los servicios de una imprenta para encuadernar los libros. Ejemplifique cómo sería el supuesto análisis DAFO que se realizaría para evaluar la situación de la empresa.

Continúa en página siguiente >>

<< Viene de página anterior

SOLUCIÓN

Fortalezas	Debilidades
- Experiencia y calidad en materiales y acabados. - Tecnología avanzada. - Personal capacitado y la capacidad para personalizar productos son ventajas significativas.	- Dependencia excesiva de los servicios de encuadernación y falta de diversificación en otros servicios de impresión. - Costos operativos altos. - Presencia *online* limitada.
Oportunidades	Amenazas
- Crecimiento del mercado de productos personalizados. - Posibilidad de expansión a mercados internacionales. - Colaboraciones estratégicas.	- Fuerte competencia. - Variaciones en los precios de los materiales. - Cambio en las referencias del cliente.

8. Directrices para la confección de las instrucciones para la realización

El proceso de realización de un producto gráfico necesita la confección de unas instrucciones previas que incluyen llevar a cabo un estudio de necesidades de mercado, para comprender las demandas y expectativas del público objetivo, así como identificar oportunidades y desafíos en el mercado.

Las directrices para llevar a cabo este estudio de manera efectiva, son:

- Definir los objetivos del estudio.
- Identificar el público objetivo.
- Investigar el mercado actual.
- Realizar investigación del usuario.
- Analizar la competencia.
- Evaluar las tendencias del mercado.
- Utilizar herramientas de análisis como el análisis DAFO.

- Elaborar un informe de resultados.
- Adaptarse a las nuevas necesidades del cliente.

9. Proceso de realización: técnicas de incentivación de la creatividad

El proceso creativo en el diseño gráfico es fundamental para generar resultados efectivos y diferenciados.

9.1. Técnicas de incentivación de la creatividad en el proyecto gráfico

La incentivación de la creatividad en un proyecto gráfico es crucial para fomentar la innovación y la excelencia en el diseño. Aquí se presentan algunas técnicas efectivas para estimular la creatividad en este ámbito:

1. Organizar sesiones de lluvia de ideas o **brainstorming** donde los miembros del equipo pueden compartirlas.
2. Crear un **entorno de trabajo** que fomente la creatividad.
3. Fomentar la **diversidad en el equipo,** lo que enriquece el proceso creativo al aportar diferentes puntos de vista y enfoques.
4. Explorar una amplia gama de **referencias visuales,** como obras de arte, fotografías, películas y diseños de otros creativos.
5. Realizar **ejercicios creativos específicos,** como el dibujo rápido, la asociación libre de ideas o la construcción de mapas mentales.
6. Experimentar con **herramientas y tecnologías nuevas** como *software,* técnicas de impresión, medios digitales, etc.
7. Proporcionar **feedback,** fundamental para el desarrollo creativo.
8. Definir **objetivos claros** para el proyecto gráfico, lo que puede motivar a los diseñadores a buscar soluciones innovadoras y creativas.

10. Métodos para la propuesta y selección de soluciones

La propuesta y selección de soluciones en un proyecto gráfico requiere un enfoque metódico que asegure la elección de las opciones más efectivas.

Tras entender los requisitos y objetivos del proyecto, se organizan sesiones de *brainstorming* para explorar enfoques creativos. Luego, se presenta la propuesta al cliente, utilizando tanto bocetos preliminares como maquetas o prototipos.

10.1. Los bocetos

En un proyecto gráfico, un **boceto** es una representación visual preliminar y esquemática de una idea, concepto o diseño. Para crear un boceto para un proyecto gráfico generalmente se siguen una serie de pasos:

1. Entender el *briefing* del proyecto.
2. Recopilar referencias visuales y buscar inspiración.
3. Generar ideas y conceptos.
4. Crear miniaturas o *sketches* (no tienen que ser detallados).
5. Revisar y seleccionar los bocetos más sólidos.
6. Hacer *feedback* y revisar, tras los que se podrán realizar ajustes.
7. Digitalizar (se podrán escanear los bocetos realizados a mano o recrearlos en un *software* de diseño gráfico).

 Aplicación práctica

Imagine que es diseñador gráfico y que ha sido contratado para crear un cartel para un grupo de música *heavy metal* llamado Los Demoledores. Su tarea es redactar un informe detallado que describa los pasos necesarios para realizar el boceto de este cartel. Asegúrese de incluir todas las etapas, desde la conceptualización inicial hasta la creación del boceto final. Considere aspectos como la investigación, la generación de ideas, la recopilación de referencias visuales y la técnica de bocetado.

SOLUCIÓN

1. **Investigación inicial**
   Lo primero es entender a fondo quiénes son Los Demoledores: investigar su historia, estilo musical, imagen de marca y cualquier material promocional. Para ello será necesario reunirse con el grupo y discutir sus expectativas y preferencias.

Continúa en página siguiente >>

<< Viene de página anterior

2. Definición de objetivos

Establecer claramente el objetivo del cartel. En este caso, probablemente sea promocionar un próximo concierto o álbum.

3. Generación de ideas

Organizar una sesión de *brainstorming,* en la que desarrollarán las ideas temáticas que podrían encajar con Los Demoledores. Esto podría incluir elementos oscuros o de la Edad Media.

4. Recopilación de referencias visuales

Buscar referencias visuales que puedan inspirar el diseño del cartel. Esto puede incluir portadas de álbumes de *heavy metal,* otros carteles de conciertos, arte de la Edad Media, etc.

5. Esquemas

Realizar varios bocetos rápidos para explorar diferentes composiciones y diseños. Estos deben ser simples y específicos.

6. Desarrollo del boceto detallado

Decidir los elementos principales del cartel, como el nombre de la banda, la fecha y lugar del evento, y cualquier imagen central (por ejemplo, un símbolo de la banda). Se debe crear un fondo con detalles oscuros y que añadan profundidad y dramatismo.

7. *Feedback* y revisión

Revisar el boceto detallado el equipo de diseño para recibir *feedback.*

8. Ajustes finales

Realizar los ajustes y preparar el boceto final.

 Actividades

---

7. Realice un *brainstorming* para crear una campaña publicitaria que se va a imprimir en un cartel sobre una empresa de transporte sostenible.

10.2. Los prototipos

Un **prototipo** es una representación visual preliminar de un producto, ya sea impreso o digital, que permite probar y validar conceptos, funcionalidades y aspectos visuales antes de llevar a cabo la producción final. El objetivo principal es identificar y resolver problemas potenciales en el diseño.

 Nota

Se podría decir que el prototipo es una versión más desarrollada y funcional de un diseño, destinada a probar y validar aspectos específicos del producto final.

A la hora de crear un prototipo de un proyecto gráfico, es importante considerar algunos aspectos:

- Objetivos del prototipo.
- Nivel de fidelidad: puede ser de baja fidelidad (con énfasis en la estructura y funcionalidad básica) o de alta fidelidad (con detalles visuales más precisos y una interactividad más realista).
- Interactividad y funcionalidad del prototipo.
- *Feedback* y pruebas de usabilidad, como encuestas o entrevistas.
- Coherencia visual con el diseño final, como colores, tipografía y elementos de interfaz.
- Facilidad de adaptación al *feedback* recibido.
- Se debe documentar el prototipo con especificaciones técnicas.

Actividades

8. Un proyecto de diseño gráfico sería por ejemplo la realización de un juego de mesa. Es importante ante todo la creación de un prototipo del juego, para poder mostrar a los clientes cómo quedaría el producto final. Hay páginas web que ofrecen estos servicios. Busque un ejemplo y explique su método.

11. Técnicas de presentación

Una vez completada la fase de diseño del proyecto gráfico, el siguiente paso es **presentar las propuestas** a los clientes.

Algunas técnicas para presentar las propuestas son las siguientes:

- **Presentación en persona:** organizar una reunión con el cliente para mostrar las propuestas usando una presentación visualmente atractiva.
- **Presentación digital interactiva:** crear una presentación digital interactiva utilizando *software* como *PowerPoint* o *Keynote.*
- ***Storyboard:*** para contar una historia que ilustre el proceso de diseño.
- **Presentación en vídeo:** crear un vídeo que muestre el diseño, utilizando efectos visuales y testimonios de clientes satisfechos.
- **Presentación en formato impreso:** creación de un folleto, catálogo o carpeta impresa que incluya información sobre el diseño propuesto.
- **Presentación en línea:** organizar una presentación en línea utilizando herramientas de videoconferencia como *Zoom* o *Google Meet.*

Actividades

9. Para presentar en persona la propuesta de un proyecto gráfico a los clientes es importante utilizar diversas herramientas y elementos que faciliten la comunicación de ideas y la visualización del proyecto. Indique ejemplos de estas herramientas o elementos.

12. Verificación del informe de registro: *contrabriefing*

El **contrabriefing** es un proceso esencial que implica recopilar información detallada y específica del cliente después de haber recibido el *briefing* inicial. Mientras que el *briefing* inicial proporciona una visión general de los objetivos, el *contrabriefing* se enfoca en aclarar ciertos aspectos, así como en validar la información proporcionada inicialmente. Su objetivo principal sería la verificación del *briefing* o informe de registro.

Ejemplo

Un *contrabriefing* debería reunir los siguientes puntos clave:

Contrabriefing: proyecto gráfico

Cliente:

Fecha:

Propósito del *contrabriefing*

El objetivo es obtener una comprensión más detallada de los requisitos y expectativas del cliente para el proyecto, así como aclarar cualquier punto del *briefing* inicial.

Puntos que aclarar

Objetivos: ¿hay algún resultado específico que el cliente espere alcanzar?
Público objetivo: ¿cuáles son las características y preferencias del público objetivo?
Mensajes clave: ¿cuáles son los mensajes clave que el cliente desea comunicar a través del diseño?
Estilo y personalidad de la marca: ¿hay algún elemento de la marca que deba mantenerse consistente en el diseño?
Plazos y restricciones: ¿cuál es el plazo de entrega? ¿Existen restricciones presupuestarias, técnicas o de otro tipo?

Continúa en página siguiente >>

<< Viene de página anterior

Acciones que seguir

Basándonos en la información recopilada durante este *contrabriefing,* nos comprometemos a revisar y ajustar nuestra propuesta inicial para garantizar que cumpla con los requisitos y expectativas del cliente de manera efectiva.

Para una verificación efectiva, es crucial comparar la información del *contrabriefing* con el *briefing* inicial, para identificar discrepancias o falta de claridad.

13. Resumen

En este capítulo se han abordado aspectos esenciales para la realización de proyectos gráficos. Se ha destacado la importancia de seguir una metodología sólida, que incluye entender los requisitos del cliente y realizar una exhaustiva investigación de mercado y competencia.

Un elemento clave en esta etapa es el *briefing,* que detalla los objetivos, alcance y preferencias del cliente. También se subraya la relevancia de conocer el mercado, comprendiendo tendencias, necesidades del público objetivo y los materiales disponibles.

Es esencial adaptar los enfoques creativos según el tipo de producto, ya sea publicitario, editorial o de otro tipo, fomentando la creatividad con técnicas como el *brainstorming* y manteniéndose al día con los últimos desarrollos en diseño. La búsqueda de información es fundamental en cada etapa, desde la comprensión inicial del proyecto hasta la presentación final al cliente, utilizando diversas fuentes, como recursos en línea e informes de expertos.

Por último, está la verificación del *contrabriefing,* una fase crítica posterior al *briefing* que busca clarificar y profundizar en los detalles del proyecto, confirmando objetivos, audiencia, contenido y mensajes.

Ejercicios de repaso y autoevaluación

1. ¿Qué es un proyecto gráfico?

_____
_____
_____
_____

2. Complete las siguientes frases:

La _____ en proyectos de diseño gráfico desempeña un papel crucial, al proporcionar una estructura organizada desde la concepción hasta la entrega final.

El _____ o *briefing* es un documento vital en el proceso de diseño gráfico.

3. Indica si las siguientes afirmaciones son verdaderas o falsas.

a. Un proyecto gráfico siempre implica la creación de productos impresos.

☐ Verdadero
☐ Falso

b. El *briefing* no es necesario para entender las expectativas del cliente.

☐ Verdadero
☐ Falso

c. Conocer el mercado de materiales y servicios permite a una empresa tomar decisiones informadas sobre qué productos utilizar en sus proyectos.

☐ Verdadero
☐ Falso

d. El análisis DAFO evalúa solo los factores internos de una empresa.

☐ Verdadero
☐ Falso

4. Una los siguientes conceptos con su definición.

    a. *Briefing*
    b. *Engagement*
    c. *Leads*
    d. DAFO

    __ Nivel de compromiso con una actividad, producto o marca.
    __ Documento que recopila información esencial para el diseño gráfico.
    __ Personas o empresas interesadas en los productos o servicios de una empresa.
    __ Herramienta de planificación estratégica que evalúa factores internos y externos.

5. Enumere los componentes principales de un informe de registro.

_____
_____
_____
_____

6. Explique la importancia de la metodología en un proyecto gráfico.

_____
_____
_____
_____

7. Explique en qué consiste al análisis DAFO en un proyecto gráfico.

_____
_____
_____
_____
_____
_____
_____

8. ¿Qué es un boceto?

_____
_____

9. Explique cómo la comprensión del mercado de materiales y servicios puede impactar en la calidad final del producto gráfico.

_____
_____
_____
_____
_____
_____
_____

10. Explique cómo la comprensión del mercado de materiales y servicios puede impactar en la calidad final del producto gráfico.

_____
_____
_____
_____
_____
_____
_____

11. ¿Cuál es el propósito principal de un *briefing* en un proyecto gráfico? Seleccione la respuesta correcta.

    a. Establecer un cronograma detallado de producción.
    b. Recopilar información esencial del cliente para guiar el proyecto.
    c. Definir los materiales que utilizar en el proyecto.
    d. Evaluar la competencia en el mercado.

12. ¿Cuál de las siguientes técnicas NO se utiliza comúnmente para fomentar la creatividad en un proyecto gráfico?

    a. Sesiones de lluvia de ideas
    b. Investigación de mercado
    c. Creación de mapas mentales
    d. Exploración de referencias visuales

13. Defina *briefing* y explique su importancia en el proceso de diseño gráfico.

_____
_____
_____
_____
_____
_____
_____
_____

14. ¿Qué pasos se deben seguir para delimitar los requerimientos del cliente en el *briefing?*

_____
_____
_____
_____
_____
_____
_____
_____

15. ¿Qué papel desempeña la prospección de materiales en un proyecto gráfico y por qué es importante?

_____
_____
_____
_____
_____
_____
_____
_____

Capítulo 2
Análisis del cliente y público objetivo

Contenido

1. Introducción

En el competitivo sector de la industria gráfica, es esencial reconocer la importancia de realizar un análisis exhaustivo tanto del cliente como del público objetivo. Este proceso estratégico no solo permite comprender las necesidades y expectativas del cliente, sino que también proporciona una visión clara de quiénes son los consumidores finales de los productos o servicios gráficos.

Al analizar al cliente, se pueden identificar sus objetivos, preferencias, requisitos específicos y limitaciones presupuestarias. Esto facilita la creación de soluciones personalizadas que se alineen con sus metas y satisfagan sus peticiones.

Por otro lado, investigar y comprender al público objetivo es esencial para desarrollar estrategias de *marketing* efectivas y productos que destaquen en el mercado. Analizar características demográficas, comportamientos de consumo, tendencias actuales y preferencias culturales del público objetivo proporciona información valiosa para diseñar mensajes persuasivos y campañas publicitarias impactantes.

2. Características de las empresas en función del tamaño

Una empresa es una entidad económica conformada por un conjunto de recursos humanos, financieros, materiales y tecnológicos, organizados de manera estructurada para llevar a cabo actividades productivas o de servicios con el fin de generar beneficios económicos.

 Nota

La Unión Europea define una empresa como una entidad que lleva a cabo una actividad económica, sin importar su estructura legal.

Dentro de la industria gráfica, las empresas se centran en la producción y comercialización de productos impresos y servicios relacionados con el diseño gráfico, la impresión y la comunicación visual.

2.1. Clasificación de las empresas según el tamaño

El tamaño de una empresa influye en su operatividad y competitividad. Las grandes empresas aprovechan sus recursos para innovar y expandirse, mientras que las pequeñas, más ágiles, se especializan en nichos y ofrecen servicios personalizados, se adaptan mejor a sus clientes.

En esta línea, para realizar una clasificación de las empresas según su tamaño, se tienen en cuenta tres criterios fundamentales:

- Número de empleados o trabajadores
- Volumen de negocio (es la cifra que corresponde al cálculo de los ingresos de una entidad a lo largo de un año)
- Balance general anual (se refiere al valor de los principales activos de una empresa, es decir, a sus posesiones)

Según los criterios mencionados, hay cuatro tipos de empresas:

- **Microempresas**
  Las microempresas, con menos de 10 empleados, son operadas por el propietario o un pequeño equipo y tienen ingresos bajos. Tiene una estructura jerárquica mínima que facilita la toma de decisiones y la flexibilidad para adaptarse rápidamente a cambios.

- **Pequeñas empresas**
  Las pequeñas empresas, con hasta 50 empleados, también tienen una jerarquía reducida y centralizada, aunque sus recursos financieros son limitados, lo que las hace depender del financiamiento externo; no obstante, su flexibilidad les permite responder con rapidez a los cambios del mercado.

■ **Medianas empresas**

Las medianas empresas, con entre 50 y 250 empleados, cuentan con una estructura organizativa más jerarquizada y especializada, una mayor capacidad financiera que les permite invertir en nuevos productos. Suelen tener presencia regional o nacional, con posibilidades de operar en mercados internacionales específicos.

■ **Grandes empresas**

Las grandes empresas, con cientos o miles de empleados, operan en múltiples países y sectores. Tienen estructuras organizativas complejas y acceso a amplios recursos financieros y tecnológicos, lo que les permite invertir en investigación, desarrollo y *marketing* a gran escala. Además, suelen tener una marca reconocida internacionalmente y una gran influencia en su industria.

Las pequeñas y medianas empresas se engloban bajo el término pyme, que es el acrónimo de pequeñas y medianas empresas. Cumplen las características mencionadas y son todas aquellas que tienen menos de 250 trabajadores y facturan menos de 50 millones de euros al año.

 Actividades

1. Busque un ejemplo de pyme y un ejemplo de gran empresa del sector de la industria gráfica y defínalas.

Sabía que...

En España, la mayor parte de las empresas se categorizan como microempresas, abarcan el 74,06 % del conjunto. Por otro lado, las pymes, que son cerca de 200.000 entidades,

Continúa en página siguiente >>

<< Viene de página anterior

constituyen el 14,85 % restante. Estos datos son proporcionados por la Dirección general de Estrategia industrial y de la pequeña y mediana empresa. En contraposición, las grandes empresas son escasas, representan apenas el 0,43 % del total, con un total de 5.811 empresas de este tipo según las estadísticas de diciembre de 2024.

---

3. Posicionamiento del cliente en el mercado actual y definición de sus aspiraciones en el futuro

El posicionamiento del cliente en el mercado actual se refiere a cómo percibe la marca, los productos o los servicios de una empresa en comparación con sus competidores, valorando lo que satisface sus necesidades específicas.

3.1. Formas de posicionar al cliente

Posicionar al cliente en el mercado actual implica anticipar y responder a las necesidades cambiantes y las tendencias emergentes del mercado. Aquí hay algunas formas efectivas de lograrlo:

1. **Ofrecer soluciones personalizadas y flexibles,** por ejemplo, personalizar diseños, materiales y procesos de producción.
2. Estar a la **vanguardia de la innovación** en la industria. Esto puede incluir la adopción de tecnologías como la inteligencia artificial.
3. Demostrar un compromiso con la **sostenibilidad ambiental y la responsabilidad social corporativa.** Implicaría el uso de materiales y procesos de producción sostenibles.
4. **Construir relaciones basadas en la transparencia y la confianza con los clientes.** Esto puede implicar proporcionar información clara y precisa sobre los productos y el impacto ambiental.
5. Adoptar una **estrategia centrada en el cliente a largo plazo.** Implicaría escuchar las necesidades de los clientes y adaptarse.
6. **Fortalecer a los clientes** brindándoles recursos, herramientas y conocimientos Esto puede incluir la educación sobre las últimas tendencias y tecnologías en la industria gráfica.

Actividades

2. Estar a la vanguardia de la innovación en la industria gráfica implica adoptar una mentalidad proactiva y permanecer siempre atento a las últimas tendencias y avances tecnológicos. ¿Qué estrategias seguiría para lograrlo?

4. Análisis del tipo de comunicación pertinente a sus valores empresariales

El análisis de la comunicación de los valores empresariales es crucial en la industria gráfica para fortalecer la imagen de marca, construir relaciones sólidas con los clientes e impulsar el éxito a largo plazo.

4.1. Los valores empresariales

En el sector gráfico, los valores empresariales y de la entidad corporativa reflejan la identidad, la cultura organizacional y las aspiraciones de la empresa:

1. **Calidad:** la atención al detalle y la excelencia en la ejecución.
2. **Innovación:** buscar constantemente nuevas tecnologías, procesos y enfoques creativos para mejorar sus productos y servicios.
3. **Creatividad:** fomentar un ambiente que estimula la imaginación y la originalidad.
4. **Compromiso con el cliente:** comprender las necesidades de sus clientes y construir relaciones duraderas basadas en la confianza.
5. **Sostenibilidad:** buscar minimizar su impacto ambiental a través de prácticas responsables en todas las etapas de la producción.
6. **Integridad:** actuar de manera ética en todas sus operaciones, manteniendo una buena conducta profesional y transparencia.
7. **Colaboración:** fomentar un ambiente de trabajo inclusivo, donde se promueva la comunicación y la colaboración entre departamentos.

Actividades

3. Busque una empresa del sector gráfico e indique sus valores empresariales.

4.2. Plan estratégico de comunicación

Para analizar la comunicación basada en los valores empresariales es necesario crear un plan estratégico que establezca objetivos, estrategias y tácticas para gestionar y mejorar las comunicaciones internas y externas de la empresa. Una estructura básica sería:

Resumen ejecutivo

Descripción de los objetivos del plan, las principales estrategias y su alcance.

Análisis situacional

Evaluación de la situación actual de la empresa en términos de comunicación, incluyendo un análisis DAFO.

Objetivos de comunicación

Definición de los objetivos que se esperan lograr a través de la comunicación.

Público objetivo

Identificación de los grupos de interés clave.

Mensajes clave

Definición de los mensajes que se comunicarán a cada grupo de interés, destacando aspectos como sus productos o servicios y valores.

Estrategias de comunicación

Desarrollo de estrategias específicas para alcanzar los objetivos.

Tácticas de comunicación

Puede incluir la creación de contenido para redes sociales, la organización de eventos promocionales, la optimización del sitio web, etc.

Continúa en página siguiente >>

<< Viene de página anterior

Calendario de actividades

Establecimiento de un calendario detallado.

Presupuesto

Estimación de los recursos financieros y humanos.

Evaluación y seguimiento

Definición de métricas y KPI para medir el éxito del plan de comunicación.

 ## Aplicación práctica

Teniendo en cuenta la estructura que debe tener un plan estratégico de comunicación, cree un plan para su empresa, una imprenta llamada Prom Print, dedicada esencialmente a la impresión de materiales promocionales y empresariales, para los últimos cuatro meses del año.

SOLUCIÓN

Resumen ejecutivo

El objetivo de este plan estratégico de comunicación es fortalecer la posición de nuestra imprenta en el mercado local y aumentar nuestra base de clientes.

Análisis situacional

Nuestra imprenta lleva operando seis años y ha logrado establecer una reputación de calidad en la impresión de materiales promocionales. Sin embargo, nos enfrentamos a desafíos en la captación de nuevos clientes.

Objetivos de comunicación

- Aumentar la conciencia de marca y la visibilidad en el mercado local.
- Incrementar la captación de nuevos clientes y retener existentes.

Público objetivo

Empresas locales en busca de servicios de impresión, agencias de publicidad y diseño, eventos y organizaciones comunitarias.

Continúa en página siguiente >>

<< Viene de página anterior

Mensajes clave

- Compromiso con la calidad y precisión en cada proyecto.
- Amplia gama de servicios de impresión.

Estrategias de comunicación

- Mejorar la presencia en línea a través de redes sociales, un sitio web optimizado y campañas de correo electrónico.
- Establecer alianzas estratégicas con agencias de publicidad.

Tácticas de comunicación

- Creación de contenido visual atractivo para redes sociales.
- Optimización del sitio web para mejorar la experiencia del usuario.

Calendario de actividades

Septiembre: desarrollo y lanzamiento de campaña en redes sociales.
Octubre: participación en ferias locales de negocios y eventos comunitarios.
Noviembre: implementación de programas de fidelización de clientes.
Diciembre: evaluación del plan y ajustes según los resultados obtenidos.

Presupuesto

Se asignarán fondos específicos para cada táctica de comunicación, incluyendo publicidad en redes sociales, diseño de materiales promocionales y participación en eventos.

Evaluación y seguimiento

Se realizarán evaluaciones mensuales para monitorear el progreso y ajustar las estrategias según sea necesario. También se realizarán métricas.

---

5. Definición de sus rasgos generales: sector, escala, implantación geográfica, trayectoria, actividad, valores, audiencia, perspectivas, imagen pública

Definir los rasgos generales de una empresa es fundamental para establecer su identidad.

Sector

Se refiere al ámbito en el que opera la empresa dentro de la industria gráfica, por ejemplo, diseño gráfico o *packaging.* También el sector económico en la que se encuadra y si pertenece al sector privado o público.

Escala

Indica el tamaño de la empresa en términos de ingresos, número de empleados, capacidad de producción y alcance geográfico.

Implantación geográfica

Hace referencia a la ubicación y extensión de las operaciones de la empresa. Puede ser local, regional, nacional o incluso internacional.

Trayectoria

Describe el historial y la evolución de la empresa a lo largo del tiempo, incluyendo hitos importantes, cambios significativos y logros destacados.

Actividad

Se refiere a las principales actividades y servicios que ofrece la empresa dentro de la industria gráfica. Por ejemplo, servicios de impresión.

Valores

Son los principios fundamentales que guían las acciones y decisiones de la empresa. Estos pueden incluir valores como la calidad o la sostenibilidad.

Audiencia

Representa a los grupos de interés clave que la empresa busca alcanzar y servir. Esto puede incluir clientes actuales y potenciales, proveedores, etc.

Perspectivas

Hace referencia a las expectativas y proyecciones futuras de la empresa en términos de crecimiento, expansión, desarrollo de nuevos productos, etc.

Imagen pública

La percepción que tiene el público sobre la empresa. Esto puede estar influenciado por la reputación de la empresa, su presencia en el mercado, la calidad de sus productos o servicios y su impacto en el medio ambiente.

 ## Actividades

4. En el siguiente enlace aparecen algunas de las empresas más relevantes del sector gráfico a nivel mundial: <https://magicalartstudio.com/las-empresas-mas-importantes-de-las-artes-graficas/>. Elija una de ellas y defina sus rasgos generales.

6. Definición del público objetivo del producto del que se trate

La definición del público objetivo es un paso crucial en cualquier estrategia de *marketing* en la industria gráfica, ya que permite identificar con precisión a quién se dirige el producto o servicio ofrecido. Para definirlo es importante delimitar conceptos como el *branding* corporativo o el *buyer* persona.

6.1. *Branding* corporativo

El *branding* corporativo es el proceso de construir y gestionar la identidad de una empresa para crear una imagen distintiva y favorable, abarcando sus valores, calidad de productos o servicios, atención al cliente, presencia en línea y reputación en el mercado. Algunos elementos clave son:

- **Identidad visual:** diseño del logotipo, la tipografía y otros elementos visuales que se utilizan en la marca de la empresa.
- **Mensaje de marca:** este mensaje debe ser claro, relevante y diferenciador, y reflejar los valores y la personalidad de la empresa.
- **Experiencia del cliente:** el *branding* corporativo se relaciona con la experiencia que tienen los clientes al interactuar con la empresa.
- **Cultura de la empresa:** influye en su marca y en cómo es percibida por el público.
- **Reputación de la marca:** incluye la percepción que tienen los clientes, los empleados y otras partes interesadas sobre la empresa.

 Actividades

5. Su empresa se llama Creatividad Impresa y está especializada en el diseño de material para empresas. Su mensaje de marca es "Transformamos tu visión en realidad". Indique qué cree que han querido transmitir con este mensaje teniendo en cuenta el concepto de *branding* corporativo.

6.2. Definición del *buyer* persona

Un ***buyer*** **persona** es una representación ficticia y detallada del cliente ideal, basada en datos reales, que permite personalizar las estrategias de *marketing* y *branding* para satisfacer las necesidades del público objetivo.

Ejemplo

Ejemplo de *buyer* persona:

Nombre: Marta Valdivieso
Edad: 36 años
Nivel educativo: postgrado
Ingresos: 30.000 € - 40.000 € anuales
Ubicación: Salamanca
Estado civil: casada, sin hijos
Ocupación: gerente de *marketing* en una empresa de tecnología

Valores y creencias:

Marta valora la calidad y la innovación en los productos y servicios que consume. Cree en la importancia de la sostenibilidad.

Intereses y estilo de vida:

Es una persona activa que disfruta de actividades al aire libre. Le gusta mantenerse al día con las últimas tendencias en tecnología y diseño.

Hábitos de compra:

Prefiere realizar compras en línea por conveniencia y variedad de opciones. Investiga antes de hacer una compra y confía en las opiniones de expertos.

Necesidades y desafíos:

Marta busca soluciones tecnológicas innovadoras que mejoren su eficiencia en el trabajo y en su vida personal.

Comportamiento en redes sociales:

Es activa en plataformas como *LinkedIn* e *Instagram*, donde sigue a *influencers* y marcas relevantes en el campo de la tecnología y el bienestar.

***Feedback* y análisis de clientes actuales:**

Como gerente de *marketing*, Marta valora la autenticidad y la transparencia en la comunicación de las marcas. Espera un excelente servicio al cliente.

---

7. Análisis de la competencia

Identificar a la competencia es muy importante en una estrategia empresarial, ya que ofrece información valiosa para la toma de decisiones y el desarrollo de estrategias efectivas.

7.1. Tipos de competencia

En el ámbito empresarial, existen varios tipos de competencia que pueden influir en el posicionamiento y la estrategia de una empresa.

- **Competencia directa.** Se refiere a otras empresas que ofrecen productos o servicios similares o idénticos a los de la empresa en el mismo mercado objetivo.
- **Competencia indirecta.** Son empresas que, aunque no ofrecen los mismos productos o servicios, sirven como alternativas.
- **Competencia potencial.** Las empresas que actualmente no compiten en el mismo mercado, pero tienen el potencial de convertirse en competidores directos en el futuro.
- **Competencia interna.** En ocasiones, en grandes empresas, la competencia proviene desde dentro, entre sus departamentos o filiales.
- **Competencia global.** Muchas empresas reciben competencia no solo a nivel local o nacional, sino también a nivel global, del mercado internacional.
- **Competencia monopolística.** Hay muchas empresas que ofrecen productos o servicios similares, pero cada una tiene una marca, características o atributos diferenciadores.

 Nota

Un monopolio es una situación en la que una única empresa o entidad tiene el control total sobre la producción y venta de un producto o servicio en un mercado específico.

Actividades

6. Indique qué tipo de competencia directa e indirecta tendría una empresa de diseño gráfico de un pueblo pequeño cercano a una gran ciudad.

7.2. Analizar la competencia

Para analizar la competencia y comprender su importancia en el contexto empresarial, es necesario llevar a cabo un proceso de investigación y evaluación de la siguiente forma:

1. **Identificar a los competidores:** localizar todas las empresas que compiten en el mismo mercado objetivo.
2. **Recopilar información:** obtener datos relevantes sobre los competidores, como sus finanzas, productos, precios, etc.
3. **Realizar un análisis DAFO** para analizar fortalezas y debilidades e identificar oportunidades y amenazas.
4. **Evaluar la estrategia competitiva:** comprender la estrategia de cada competidor, incluyendo su enfoque de precios, segmentación de mercado y *marketing*.
5. **Comparar con la propia empresa:** comparar la información recopilada sobre los competidores con la propia empresa (DAFO).

Aplicación práctica

Usted posee una empresa de impresión y diseño gráfico cuya mayor competencia es la empresa HP Inc. Teniendo en cuenta lo estudiado, realice un análisis de esta. Incluya una conclusión tras los datos analizados.

Continúa en página siguiente >>

<< Viene de página anterior

SOLUCIÓN

1. **Identificación de competidor:**
   Empresa competidora: HP Inc.

2. **Recopilación de información:**
   El sitio web de HP ofrece una amplia gama de productos y soluciones para diseño gráfico, incluyendo impresoras de gran formato, equipos de alta gama y *software* de diseño.

3. **Análisis DAFO:**

   ▪ Fortalezas: HP es reconocida por su calidad en productos de impresión, así como por su innovación tecnológica.
   ▪ Debilidades: aunque HP ofrece una amplia gama de productos y soluciones, algunos clientes pueden percibirlos como caros.
   ▪ Oportunidades: HP tiene la oportunidad de expandir su presencia en el mercado a través de asociaciones con empresas de diseño.
   ▪ Amenazas: la competencia en el mercado de impresión y diseño gráfico es intensa, con otras empresas como Epson y Canon.

4. **Evaluación de la estrategia competitiva:**
   HP se enfoca en la innovación tecnológica y la calidad de sus productos para diferenciarse en el mercado. Además, su presencia en línea ayuda a atraer a profesionales del sector.

5. **Comparación con tu propia empresa:**
   Comparando con nuestra empresa de diseño gráfico, HP destaca por su amplia gama de productos y su reputación en el mercado. Sin embargo, podemos destacar nuestra capacidad para ofrecer servicios personalizados y soluciones a medida.

   Conclusión
   Basándonos en este análisis, podemos identificar oportunidades para colaborar con HP en el suministro de equipos de impresión y tecnología para nuestros proyectos de diseño gráfico.

---

8. Análisis de servicios que pueda ofrecer el cliente

El análisis de los servicios que un cliente puede ofrecer implica examinar detalladamente las capacidades, recursos y ventajas competitivas que posee. Para ello, primero se investigan y comprenden las expectativas y necesidades de los clientes, además de identificar las tendencias del mercado. Luego, se identifican y evalúan los servicios actuales del cliente, abarcando desde los más básicos hasta los especializados. Posteriormente, se analiza la calidad y eficacia de estos servicios en términos de fiabilidad, satisfacción del cliente y relación calidad-precio. A continuación, se identifican oportunidades para mejorar o personalizar los servicios basados en la evaluación realizada. También se examinan tendencias y oportunidades de mercado que podrían influir en futuros servicios. Finalmente, se evalúan los servicios de la competencia para detectar oportunidades de diferenciación y mejora.

 Actividades

7. Usted posee una empresa de consultoría en *marketing* digital. Identifique cuáles serían sus clientes objetivo, sus servicios, sus áreas de mejora y cuál sería su competencia.

9. Conocimiento / análisis del sector en el que se inscribe el cliente

El conocimiento y análisis del sector del cliente son esenciales para desarrollar estrategias efectivas y tomar decisiones informadas.

9.1. Sectores económicos

Los sectores económicos son las distintas áreas de actividad económica que existen en una sociedad. Los principales son:

- **Sector primario.** Este sector incluye todas las actividades relacionadas con la extracción y producción de recursos naturales. Por ejemplo, la agricultura.
- **Sector secundario.** También conocido como sector industrial, este sector engloba las actividades relacionadas con la transformación de

materias primas en productos manufacturados. Por ejemplo, la industria manufacturera.

- **Sector terciario.** Este sector se centra en la prestación de servicios a las personas y a otras empresas. Incluye una amplia variedad de actividades, como el comercio minorista y mayorista o la educación.
- **Sector cuaternario.** Este sector incluye actividades relacionadas con la investigación, el desarrollo, la innovación y la tecnología avanzada. Esto puede incluir la investigación y desarrollo científico o el diseño de *software.*
- **Sector quinario.** Este es el sector más reciente y menos definido, y se refiere a actividades sin ánimo de lucro como la educación pública.

La **industria gráfica** pertenece al sector secundario de la economía. Se enfoca en la transformación de materias primas, como papel y tintas, en productos manufacturados, incluyendo desde la impresión de medios impresos hasta embalajes y etiquetas. Con el avance de la tecnología digital, la industria ha evolucionado y se ha superpuesto con el sector de servicios, ofreciendo diseño gráfico o *marketing* digital, impresión bajo demanda y gestión de documentos.

9.2. Sectores empresariales

La expresión *sector empresarial* se refiere a una categoría específica económica en la que las empresas que ofrecen productos o servicios similares.

- **Sector manufacturero:** empresas que producen bienes físicos utilizando materias primas, maquinaria y mano de obra.
- **Sector de servicios:** empresas que proporcionan servicios intangibles, como servicios financieros o educativos.
- **Sector minorista:** empresas que venden productos directamente a los consumidores finales a través de tiendas físicas, en línea, etc.
- **Sector de tecnología:** empresas que se dedican al desarrollo, fabricación y venta de productos tecnológicos.
- **Sector financiero:** empresas que ofrecen servicios financieros, como bancos o compañías de seguros.

Actividades

8. ¿A qué sector empresarial pertenecería una empresa del sector gráfico que se dedicase a la encuadernación de materiales?

Nota

Es importante distinguir entre el sector privado y el sector público al analizar cualquier industria, incluida la industria gráfica. El sector privado comprende empresas y organizaciones cuya propiedad y control recaen en individuos, grupos de individuos o empresas. Por su parte, el sector público está compuesto por organizaciones que son propiedad del Gobierno, que están controladas por él.

10. Resumen

El dinámico sector de la industria gráfica requiere una comprensión profunda tanto del cliente como del público objetivo para prosperar en un entorno altamente competitivo. Este capítulo se enfoca en la relevancia de comprender tanto al cliente como al público objetivo en el competitivo sector de la industria gráfica. Se destaca cómo el tamaño de una empresa influye significativamente en su estructura organizativa, alcance en el mercado y estrategias comerciales. Mientras las pequeñas empresas se distinguen por su flexibilidad, las grandes cuentan con recursos financieros y tecnológicos que les permiten innovar y expandirse internacionalmente, lo que impacta directamente en su competitividad y contribución económica.

Además del tamaño, las empresas se diferencian en función de sus objetivos, que pueden ser con o sin fines de lucro, y de su enfoque hacia el cliente o el producto. Estas distinciones afectan la forma en que la empresa se posiciona en el mercado y cómo se relaciona con su público. El posicionamiento del cliente es esencial, ya que influye en la percepción de la marca y en la efectividad de sus productos o servicios. Comunicar los valores fundamentales de la empresa y anticipar las necesidades futuras de los clientes son pasos clave para fortalecer las relaciones con ellos y ganar su confianza.

Por último, comprender el entorno empresarial, identificar la competencia y analizar oportunidades y amenazas son esenciales para desarrollar estrategias efectivas. Este capítulo ofrece una visión integral sobre cómo estos factores permiten definir la identidad, estrategia y reputación de una empresa en la industria gráfica. Así, proporciona herramientas que facilitan una mejor comprensión del posicionamiento, la comunicación y la competencia en el mercado.

Ejercicios de repaso y autoevaluación

1. **¿Cuál de los siguientes es un criterio fundamental para clasificar empresas según su tamaño?**

   a. Color del logo
   b. Número de empleados
   c. Forma jurídica
   d. Tipo de producto

2. **¿Qué sector incluye actividades relacionadas con la investigación, desarrollo, innovación y tecnología avanzada?**

   _____

   _____

3. **¿Cuál de las siguientes es una característica común de las microempresas?**

   a. Tienen cientos de empleados.
   b. Son operadas por grandes corporaciones.
   c. Suelen tener un número muy pequeño de empleados.
   d. Operan en múltiples países.

4. **Complete las siguientes frases:**

   Las empresas más pequeñas, como las microempresas y las _____, suelen ser más flexibles en la toma de decisiones y la implementación de cambios estratégicos.

   El sector _____ se centra en la prestación de servicios a las personas y a otras empresas.

5. **Clasifique las siguientes características como pertenecientes a microempresas, pequeñas empresas, medianas empresas o grandes empresas.**

   a. Tiene menos de 10 empleados.
   b. Su estructura organizativa está jerarquizada.

c. Operan en múltiples países.
d. Suelen depender de financiamiento externo.

___ Microempresas
___ Pequeñas empresas
___ Medianas empresas
___ Grandes empresas

6. **Defina qué es una pyme.**

_____
_____
_____
_____

7. **Indique si las siguientes oraciones son verdaderas o falsas:**

a. Las grandes empresas suelen tener menos recursos financieros que las pequeñas empresas.

☐ Verdadero
☐ Falso

b. La imagen corporativa es la percepción que tienen los clientes, empleados e inversores sobre una empresa.

☐ Verdadero
☐ Falso

8. **Indique a qué conceptos corresponden las siguientes definiciones:**

a. Proceso de creación de la identidad de una empresa.
b. Empresa que ofrece productos similares en el mismo mercado.
c. Sector de una empresa cuyo enfoque principal es servir a la comunidad y cumplir con las necesidades y expectativas del público en general.
d. Sector económico relacionado con la extracción de recursos naturales.

___ *Branding*
___ Competencia

__ Público
__ Primario

9. ¿Cuál es la importancia de analizar la competencia en el contexto empresarial?

_____
_____
_____
_____

10. Explique por qué es importante para una empresa estar a la vanguardia de la innovación en la industria gráfica.

_____
_____
_____
_____

11. Complete la siguiente frase.

El análisis de los servicios que un cliente puede ofrecer implica examinar detalladamente las _____, _____ y _____ competitivas que tiene para satisfacer las necesidades y expectativas de sus clientes.

12. Clasifique las siguientes empresas en su sector.

    a. Empresa de desarrollo de *software*
    b. Agencia de publicidad
    c. Organización gubernamental
    d. Empresa minera

    __ Sector primario
    __ Sector secundario
    __ Sector terciario
    __ Sector quinario

13. Una cada concepto de la columna A con su correspondiente descripción en la columna B.

A	B
a. Sector primario b. Microempresa c. Competencia directa d. *Branding* corporativo e. Sector cuaternario	__ Empresa con menos de 10 empleados __ Actividades relacionadas con la extracción de recursos naturales __ Proceso de construcción y gestión de la identidad de una empresa __ Actividades relacionadas con la investigación, el desarrollo y la innovación __ Empresas que ofrecen productos o servicios similares en el mismo mercado

14. ¿Cómo influye el tamaño de una empresa en su capacidad para competir en el mercado? Indique las razones argumentando con los distintos tipos de empresa.

_____
_____
_____
_____
_____
_____
_____

15. ¿Por qué es importante el análisis de la competencia en la estrategia empresarial?

_____
_____
_____
_____
_____
_____
_____

Capítulo 3

Materias primas, soportes y producción del producto gráfico

Contenido

1. Introducción

La producción del producto gráfico es un proceso integral y detallado que involucra la selección de materias primas y soportes para lograr un resultado final de alta calidad. El diseño gráfico es la fase inicial y fundamental, donde se conceptualiza y crea el contenido visual utilizando *software* especializado. En esta etapa se definen aspectos básicos como la tipografía, los colores, las imágenes y la disposición del contenido, con el objetivo de asegurar que el mensaje sea claro y visualmente atractivo.

Después del diseño, se pasa a la fase de preimpresión, en la cual se preparan los archivos para la impresión: se revisan pruebas, se corrigen colores y se ajustan tamaños hasta asegurarse de que el producto final cumple con los estándares de calidad.

La impresión es el siguiente paso y puede realizarse mediante diferentes técnicas. La elección dependerá del tipo de producto gráfico, el volumen de producción y la calidad requerida. Una vez impreso, el producto pasa por la fase de acabado, que incluye procesos como recorte, plegado, encuadernado, laminado y barnizado, esenciales para mejorar la funcionalidad y apariencia del producto gráfico.

Con este ciclo de producción se certifica que los productos gráficos no solo cumplan su propósito de comunicación efectiva, sino que también sean atractivos y funcionales para el usuario final.

2. Tipos de productos gráficos

Un **producto gráfico** es un elemento visual creado mediante impresión o digitalización para transmitir un mensaje, información o arte. Los productos gráficos pueden ser físicos o digitales y abarcan varios formatos.

2.1. Productos gráficos físicos

Es cualquier material visual que se produce y se entrega en un formato tangible. Estos productos son impresos y pueden ser los siguientes:

- **Libros:** libros de texto, novelas, manuales y publicaciones científicas.
- **Revistas:** publicaciones periódicas con contenido variado.
- **Material publicitario:** folletos, *flyers,* carteles, etc.
- **Pósteres:** usados para múltiples fines, como educativos.
- **Tarjetas:** tarjetas de visita, postales, tarjetas de invitación, etc.
- ***Packaging:*** engloba tanto las cajas, bolsas y otros contenedores diseñados para proteger productos, como las etiquetas de los productos.
- ***Banners:*** grandes impresiones para publicidad en ferias y exteriores.
- ***Displays* y expositores:** estructuras gráficas utilizadas en puntos de venta para mostrar productos e información promocional.
- **Papelería corporativa:** documentos con la identidad corporativa.
- **Calendarios,** tanto de pared como de escritorio, bolsillo, etc.

 Actividades

1. ¿Sabe lo que es un *flyer?* Defínalo y ponga ejemplos.

2.2. Productos gráficos digitales

Es cualquier material visual creado y presentado en formato digital. Estos productos se utilizan en medios electrónicos y no tienen una forma física, a menos que se impriman. Algunos de los más usuales son:

- **Imágenes para redes sociales:** imágenes de perfil y portada, y publicaciones de publicidad para plataformas como *Facebook, X* y *LinkedIn.*
- ***Banners* publicitarios:** usados en sitios web para la promoción de productos, servicios o eventos.

- **Infografías:** diseños que presentan datos y estadísticas de manera visualmente atractiva y fácil de entender.
- **Elementos de diseño para páginas web:** iconos y botones, fondos y texturas; elementos para mejorar la apariencia visual de las páginas web.
- **Presentaciones digitales:** diseños para programas como *PowerPoint* o *Keynote* que ayudan a comunicar ideas de manera efectiva.
- **Gráficos para aplicaciones móviles:** interfaz de usuario (UI) e iconos de aplicaciones.
- **Anuncios digitales de *display*,** como los realizados en plataformas como *Google Ads* y anuncios en vídeo.
- ***E-books* y publicaciones digitales:** libros o publicaciones en formato digital accesibles en dispositivos electrónicos.

Nota

El término *display* en el contexto de la publicidad digital se refiere a la forma en que los anuncios son mostrados o exhibidos en diferentes plataformas *online,* como sitios web, aplicaciones móviles, redes sociales y otros espacios digitales.

Actividades

2. Compare el libro impreso con el *e-book.* ¿Cuál prefiere? Justifíquelo.

3. Características

Los productos gráficos, tanto físicos como digitales, poseen una serie de características que los hacen únicos y efectivos para la comunicación visual.

Las **características** esenciales que tienen los **productos físicos** son:

- **Alta resolución** para detalles nítidos y claros; uso preciso del color y diferentes tipos de acabados.
- **Variedad** en tipos y gramajes de papel, lo que afecta a la textura y durabilidad. Además de selección de tintas.
- **Formato y tamaño:** las dimensiones según el tipo de producto, desde tarjetas pequeñas hasta pósteres grandes.
- **Durabilidad y resistencia:** materiales y acabados que protegen contra el desgaste, la humedad y la luz solar.
- **Funcionalidad:** uso de elementos interactivos, como solapas, encuadernados y mecanismos de apertura.
- Son **diseñados** para ser fácilmente transportables y distribuidos.

Por su parte, las **características** esenciales que tienen los **productos digitales** son:

- **Alta resolución** para asegurar claridad en pantallas de diversos tamaños y diseño responsivo adaptable.
- Uso de **elementos interactivos** como botones, enlaces y animaciones que permiten la interacción del usuario.
- **Compatibilidad:** funcionamiento en múltiples plataformas y navegadores.
- **Diseño intuitivo** que facilita la navegación y la interacción.
- Capacidad para **actualizar** y modificar contenido fácilmente.
- **Capacidad para ser distribuido y accedido** globalmente sin restricciones físicas y posibilidad de ser compartido.
- **Eficiencia de costes:** su producción es generalmente más económica que los productos físicos.

4. Clasificación

Los productos gráficos pueden presentarse en soportes físicos o digitales, dependiendo del uso final. Los **soportes físicos** incluyen materiales como papel, cartón, vinilo, tela, vidrio y metal. Su elección depende de factores como la durabilidad y la resistencia. Los **soportes digitales** abarcan pantallas de dispositivos electrónicos, sitios web y aplicaciones móviles. Estos permiten la interacción y se adaptan a diferentes tamaños de pantalla, además de ofrecer experiencias visuales dinámicas y accesibles globalmente.

 Aplicación práctica

La empresa ICON Publicidad Creativa debe decidir si producir un folleto publicitario de forma digital o mediante impresión física. Analice los pros y contras de cada método y elabore una recomendación.

SOLUCIÓN

Para decidir entre producción digital e impresión física del folleto publicitario, ICON Publicidad Creativa debe considerar varios factores. La producción digital es efectiva para tiradas cortas y permite una distribución rápida y a través de medios electrónicos, lo que es ideal para campañas con una audiencia extensa y dispersa. Además, los folletos digitales pueden incluir elementos interactivos como hipervínculos y vídeos.

Sin embargo, la impresión física ofrece una calidad visual superior y un impacto tangible que puede ser más efectivo en eventos y presentaciones cara a cara.

En resumen, si el objetivo es alcanzar rápidamente a un gran número de personas con un presupuesto limitado, la producción digital es la mejor opción. Por otro lado, si se busca causar una impresión duradera en un entorno presencial, la impresión física es más adecuada.

5. Soportes físicos

Los soportes físicos son los materiales tangibles sobre los cuales se aplican las impresiones y se despliegan los productos gráficos.

5.1. Clasificación de soportes para impresión

En el ámbito de la impresión, se suelen distinguir tres tipos principales de soporte físico:

■ **Soportes papeleros:** incluyen varios tipos de papel utilizados para imprimir materiales gráficos. Esto abarca desde papeles gráficos hasta papeles para envases y embalajes, así como otros papeles especializados.

■ **Soportes no papeleros:** son aquellos materiales distintos al papel que pueden ser impresos, como plásticos, tejidos y vidrio. Estos materiales ofrecen superficies susceptibles para la impresión de textos e imágenes.

■ **Soportes compuestos o mixtos:** combinan diferentes materiales, tanto papeleros como no papeleros. Por ejemplo, las etiquetas adhesivas, que pueden estar compuestas por fibras vegetales y plástico.

5.2. Soportes papeleros: componentes

El papel, uno de los materiales más utilizados en la producción de productos gráficos, está compuesto por varios componentes y aditivos:

■ **Fibra de celulosa:** la mayoría del papel se fabrica a partir de pulpa de madera. Las fibras de celulosa se extraen de la madera mediante procesos mecánicos o químicos.

■ **Agua:** se utiliza en grandes cantidades durante el proceso de fabricación para suspender las fibras de celulosa y facilitar su distribución.

■ **Aditivos:** algunos de los aditivos no orgánicos que se le añaden al papel en su fabricación son: el caolín (arcilla), que mejora la opacidad y la capacidad de impresión; el carbonato de calcio, que aumenta la opacidad y la blancura; y el talco, para mejorar las propiedades superficiales y la textura.

■ **Aglutinantes:** son materiales orgánicos como el almidón, que mejora la resistencia y la superficie del papel, y gomas naturales y sintéticas, que se utilizan para aumentar la cohesión de las fibras y mejorar la impresión.

■ **Colorantes:** se añaden para dar color al papel, ya sea de manera uniforme o en patrones específicos.

■ **Blanqueadores:** mejoran la blancura y el brillo del papel al aumentar su capacidad de reflejar la luz.

■ **Resinas y polímeros:** utilizados para mejorar la resistencia a la humedad y aumentar la durabilidad del papel.

■ **Recubrimientos y acabados,** como aquellos hechos a base de caolín o polímeros. Se aplican a la superficie para mejorar su suavidad y brillo.

Actividades

3. Busque información sobre la historia de la creación del papel y elabore un breve resumen.

5.3. Procesos de fabricación de papel: preparación y fabricación de pasta, laminado, calandrado, estucado y acabado

El proceso de fabricación del papel transforma materias primas en un producto final, en un proceso que incluye varias **etapas:**

1. **Preparación y fabricación de la pasta**

   La fabricación del papel se inicia con la preparación de la pasta de fibras de celulosa, principalmente de madera. Se utilizan dos métodos para obtener la pulpa: mecánico (que tritura la madera) y químico (que disuelve la lignina). La pulpa se blanquea y se mezcla con agua. Luego se vierte sobre una malla en movimiento, donde se forma una hoja continua de papel.

2. **Laminado**

   Tras formar la hoja continua de papel, se lleva a cabo el laminado, que une capas de papel o combina papel con plástico mediante adhesivos y presión. Esto resulta en un material más grueso y duradero, ideal para aplicaciones que requieren rigidez, como empaques y productos gráficos.

3. **Calandrado**

   El papel laminado pasa por el calandrado, un proceso que consiste en someter la hoja a la presión de rodillos pesados y lisos. Esto mejora la suavidad y el acabado superficial del papel, controla su grosor y densidad, y proporciona una superficie uniforme con mejor capacidad de impresión.

4. Estucado

Tras el calandrado, el papel puede ser estucado, un proceso que consiste en aplicar una capa de recubrimiento, como caolín o carbonato de calcio. Este recubrimiento mejora las propiedades ópticas y de impresión del papel, con lo que aumenta su blancura, brillo y opacidad, y esto lo hace más adecuado para la impresión de alta calidad.

5. Acabado

Finalmente, en la etapa de acabado el papel se corta con las dimensiones requeridas y puede recibir tratamientos adicionales como laminado, barnizado o texturizado. Esta fase también incluye el embalaje y la preparación para el transporte, de modo que el papel llegue en perfectas condiciones a su destino.

Importante

Cada una de estas etapas es esencial para producir un papel y garantiza que el papel tenga las propiedades necesarias para ser un soporte eficiente y atractivo para productos gráficos.

La fabricación de papel

Preparación y fabricación de la pasta

1

Calandrado

3

Acabado

5

2

Laminado

4

Estucado

Ilustración que muestra un resumen de los pasos de la fabricación del papel

5.4. Tipos de papel y campos de aplicación

La impresión utiliza una amplia gama de tipos de papel, cada uno con características específicas. Algunos de ellos son los siguientes:

Papel *bond* o de oficina

Papel versátil, con un gramaje de 60 a 120 g. Tiene una superficie lisa y blanca que lo hace ideal para imprimir texto y gráficos. Se utiliza principalmente para documentos comerciales, facturas y cartas.

Papel estucado o *couché*

Con un gramaje de 90 a 300 g. Este papel está recubierto con arcilla o carbonato de calcio. Ofrece una superficie lisa que permite una reproducción nítida y brillante. Es ideal para revistas y cubiertas de libros.

Papel *offset*

Con gramajes de 50 a 300 g, este papel tiene una superficie porosa que absorbe rápidamente la tinta, por lo que es adecuado para impresión *offset*. Su blancura natural lo hace popular para libros, revistas, folletos y sobres.

Papel reciclado

Fabricado a partir de materiales reciclados como papel usado y cartón, este papel es sostenible y ayuda a reducir residuos. Su textura puede ser más rústica o áspera. Se utiliza en embalajes, papel de oficina y cajas de cartón.

 Nota

El papel reciclado a menudo se blanquea utilizando métodos libres de color elemental, menos dañinos con el medio ambiente. Además, muchos tipos de papel reciclado están

Continúa en página siguiente >>

<< Viene de página anterior

certificados por organizaciones como el *Forest Stewardship Council* (FSC) o el *Programme for the Endorsement of Forest Certification* (PEFC), que garantizan que el papel proviene de fuentes sostenibles.

Papel *affiche*

Destinado a la impresión de carteles. Este papel tiene un gramaje alto, entre 100 y 200 g, lo que lo hace resistente para uso exterior.

Papel fotográfico

Este papel se utiliza para imprimir fotografías de alta calidad y tiene un gramaje superior, de 200 a 300 g. Es usado tanto en fotografía personal como en material promocional y exposiciones.

Papel texturizado

Disponible en mate, satinado o brillante, ofrece una variedad de gramajes y texturas, como líneas o rugosidades. Se utiliza en invitaciones de boda, tarjetas de felicitación y papelería personalizada.

Ejemplo de papel texturizado

Papel sintético

Fabricado con polímeros sintéticos en lugar de fibras de celulosa, es duradero y resistente al agua. Ideal para mapas, menús o carteles.

Papel cartulina

Más grueso y rígido, con gramajes de 160 a 300 g, en diversos colores. Se usa para calendarios, cubiertas de libros y cajas.

Papel *kraft*

Conocido por su color marrón natural y textura áspera, este papel es muy resistente y se utiliza en manualidades y embalajes. Debido a su naturaleza, debe ser impreso mediante serigrafía y con tintas especiales.

 Definición

Serigrafía
Es el método de impresión en el que se transfiere el texto o la imagen que se desea estampar a través de una malla con tinta a una superficie.

Papel autocopiativo

Este papel permite crear copias múltiples sin necesidad de una hoja intermedia de carbón. Está impregnado con pigmento reactivo que, al aplicar presión, transfiere la imagen a las copias. Es común en facturas.

Papel adhesivo o autoadhesivo

Con un revestimiento adhesivo en una cara, este papel puede pegarse a diversas superficies. Es resistente al agua y la abrasión. Disponible en acabados mate, brillante, de poliéster o vinilo, se utiliza para etiquetas.

Papel de biblia

Caracterizado por su delgadez, ligereza y opacidad, permite imprimir grandes cantidades de texto en un espacio reducido sin hacer el libro demasiado grueso. Se usa en textos religiosos, diccionarios y enciclopedias.

Papel gofrado

Este papel ha sido sometido a un proceso de estampado en relieve, creando un patrón o textura en su superficie. Se usa en tarjetas y etiquetas.

Papel prensa

Con gramaje bajo de 40 a 55 g, se utiliza para imprimir periódicos. Permite grandes volúmenes con bajo peso y una superficie que facilita la rápida absorción de tinta.

Papel térmico

Tiene una capa sensible al calor que cambia de color con la impresión térmica. Es común en recibos, etiquetas de envío y billetes de transporte.

Papel verjurado

Este papel tiene líneas finas y paralelas en su superficie, llamadas verguetas, que le dan una textura distintiva y un acabado elegante. Se usa en tarjetas de felicitación, invitaciones, diplomas y certificados.

Papel plantable o con semillas

Este papel biodegradable contiene semillas que pueden germinar cuando se planta. Es una opción sostenible para tarjetas de felicitación, invitaciones y productos promocionales.

 Actividades

4. Busque información sobre el papel carbón.
5. Busque tres tipos más de papel no mencionados. Describa sus características, gramajes y usos más frecuentes.

5.5. Especificaciones para la compra del papel

Al comprar papel para productos gráficos, es fundamental considerar varias **especificaciones técnicas y cualitativas** para garantizar que cumpla con los requisitos del proyecto. Algunas de estas especificaciones son:

Tipo de papel

Se deben tener en cuenta los diferentes tipos de papel disponibles en el mercado y, según sus características y posibles aplicaciones, elegir el que sea más apto para el proyecto gráfico que se vaya a desarrollar.

Dureza

La dureza del papel se refiere a su capacidad para resistirse a la perforación, el rasgado o el desgarrado bajo presión externa. Esta propiedad mide la fuerza necesaria para romper o deformar el papel.

Rugosidad

La rugosidad se refiere a la textura de la superficie del papel, provocada por las irregularidades en su superficie. Esta rugosidad se mide en micrómetros o milésimas de milímetro, para lo cual se utiliza un rugosímetro.

Gramaje

El gramaje es una de las propiedades clave que influye en la resistencia y durabilidad del papel: a mayor gramaje, mayor grosor y resistencia tendrá el material. El gramaje se refiere al peso de un metro cuadrado de una hoja de papel, medido en gramos por metro cuadrado (g/m^2).

 Ejemplo

Que un papel tenga un gramaje de 200 g significa que una hoja de 1 m^2 pesa un total de 200 g.

Hay diferentes tipos de gramaje, que pueden ajustarse según las preferencias del cliente para lograr una calidad específica en el producto final. El más usado es el de 80 g.

 Ejemplo

Para calcular el gramaje de un papel es necesario una balanza de precisión, una calculadora y seguir los siguientes pasos:

1. Cortar una muestra del papel para poder manejarlo.
2. Calcular la superficie de la muestra multiplicando lado por lado.

Continúa en página siguiente >>

<< Viene de página anterior

3. Pesar ese papel y realizar una regla de tres simple:

Valor de la superficie en cm² _____ peso de la superficie del papel en gramos
1 m² (10.000cm²) _____ X g

---

4. El valor de X corresponderá con el gramaje del papel en gramos por metro cuadrado.

Actividades

6. Calcule el gramaje de una hoja papel si tiene una muestra que mide 20 cm x 20 cm y un peso de 12 g. Explique los pasos que realiza hasta llegar a la solución.

Acabado superficial

Teniendo en cuenta el acabado de la superficie del papel, este puede ser:

- **Mate:** proporciona una superficie sin brillo, adecuada para textos largos y lecturas cómodas.
- **Brillante:** ofrece una superficie reflectante que mejora la vivacidad de los colores y el contraste de las imágenes.
- **Texturizado:** añade una sensación táctil única y es ideal para proyectos creativos y de lujo.

Opacidad

La opacidad se refiere a la capacidad del papel para evitar que las imágenes o el texto impresos en una cara sean visibles desde la otra.

Blancura

Es la capacidad del papel para reflejar la luz y aparecer blanco a la vista, lo que puede influir en su apariencia, legibilidad y calidad. Es importante, ya que el blanco es el ideal para la reproducción en cuatricromía.

 Definición

Cuatricromía
Es un sistema de impresión que se basa en la reproducción de imágenes mediante el modelo CMYK.

Un mayor grado de blancura mejora el contraste y la legibilidad del texto y las imágenes impresas.

 Nota

Normalmente se mide usando un espectrofotómetro, que mide la reflectancia de la luz. Los resultados se expresan según un índice de blancura (un valor más alto indica un papel más blanco). El índice de blancura es el índice CIE, cuyos rangos son:

- CIE menos de 159: blancura clásica
- CIE 159 a 163: buena blancura (impresión nítida)
- CIE 164 y más: blancura extra (otorga opacidad)

 **Actividades**

7. ¿Qué es el índice CIE?

Componentes cromáticos

Algunos soportes pueden contener aditivos, conocidos como componentes cromáticos, que alteran el color o las propiedades ópticas. Los más comunes son los pigmentos, que pueden ser de origen natural o sintético. Aportan color a las materias primas y son resistentes a la luz, el calor, la humedad y otros factores ambientales. Existen diversos tipos de pigmentos: orgánicos, sintéticos y metálicos.

 Nota

Los pigmentos más utilizados son el caolín, el sulfato de bario, el carbonato de calcio o el dióxido de titanio.

Resistencia

La resistencia del papel se refiere a su capacidad para soportar diversas fuerzas y condiciones sin romperse, rasgarse ni deformarse. El papel posee dos resistencias básicas:

- **Resistencia al rasgado:** importante para productos que serán manipulados con frecuencia.
- **Resistencia a la humedad:** esencial para aplicaciones en entornos húmedos o para papeles que pueden estar expuestos al agua.

Compatibilidad con diferentes técnicas de impresión

Al elegir el papel, es importante considerar el tipo de impresión que se va a realizar. Por ejemplo, la impresión *offset* requiere papeles con secado rápido, mientras que la serigrafía necesita papeles con buena absorción y reproducción de colores.

Coste y disponibilidad

Finalmente, se debe seleccionar un papel que se ajuste al presupuesto del proyecto, sin comprometer la calidad, asegurando su disponibilidad en las cantidades y plazos requeridos.

 Nota

Además, en la actualidad se deben tener en cuenta una serie de certificaciones ambientales, como son:

▌ FSC: certificación que garantiza que el papel proviene de fuentes responsables.
▌ PEFC: certificación que asegura la gestión sostenible de los bosques.
▌ ISO 14001: certificación de gestión ambiental que indica que el papel cumple con estándares ambientales.

Aplicación práctica

La empresa Editorial Innova está planeando lanzar una nueva revista mensual, que se centrará en temas de sostenibilidad y medio ambiente. Como parte del equipo de producción, tu tarea es seleccionar el tipo de papel más adecuado para este proyecto, considerando tanto la calidad de impresión como la alineación con los valores de la revista.

Continúa en página siguiente >>

<< Viene de página anterior

SOLUCIÓN

Paso 1. Primero se valora la utilización de papel estucado, papel reciclado o papel ecológico reciclado.

▌ Papel estucado: ofrece alta calidad de impresión y brillo.
▌ Papel reciclado: alineado con los valores de sostenibilidad de la revista. Menor calidad de impresión que el estucado.
▌ Papel ecológico certificado (FSC): combina calidad aceptable y sostenibilidad.

Paso 2. Una vez valorado, se recomienda usar papel reciclado con certificación FSC. Esto refuerza el mensaje de sostenibilidad de la revista y ofrece una calidad suficiente para los contenidos gráficos.

Paso 3. Como justificación al cliente, se explica que usar papel reciclado certificado reduce el impacto ambiental y respalda los principios editoriales. La certificación FSC garantiza prácticas forestales sostenibles.

5.6. Otros tipos de soporte: características, procesos y problemas de impresión

Además del papel o los soportes papeleros, existe una gran variedad de soportes de impresión, como soportes no papeleros y soportes compuestos.

Soportes no papeleros

Dentro de la industria gráfica, destacan los siguientes.

Soportes plásticos

Los soportes plásticos, fabricados con materiales como el metacrilato, el PVC, el polipropileno o el composite de aluminio, pueden ser transparentes, translúcidos o de colores sólidos. Se utilizan principalmente para etiquetas, envases flexibles y pancartas. Se dividen en dos tipos esenciales:

- **Películas plásticas flexibles.** Son un tipo de soporte con capacidad de adaptación a multitud de superficies. Se suele usar para embalaje de alimentos o cosméticos.
- **Plásticos rígidos.** Es un soporte muy sólido y duradero, con poca flexibilidad, utilizado en botellas, tapas o carcasas de dispositivos.

Nota

Las películas plásticas flexibles se utilizan en el proceso de laminación, que se usa para mejorar las propiedades de los sustratos impresos como papel o cartón.

Actividades

8. ¿Cuál es el soporte más utilizado que está hecho con una película plástica flexible? Justifique la respuesta y dé ejemplos.

Metales

Los **metales** se usan en impresión utilizando técnicas como la serigrafía y la impresión digital. Los que más se usan son el aluminio (placas de identificación y envases), el latón (placas y sellos) y la hojalata (envases metálicos como latas).

Placa de identificación impresa para collar de mascota

 Definición

Material extrusionado
Es aquel que se forma a través de metal, hormigón, cerámica o polímeros.

Tejidos

La impresión en tejidos o impresión textil es el proceso de transferir diseños o imágenes mediante técnicas como sublimación, transferencia, serigrafía, impresión digital o láser. Se utiliza principalmente en la industria de la moda, en la elaboración de pancartas y en decoración. Los materiales más comunes son el algodón, la lana, la seda, el lino y el poliéster.

 Definición

Sublimación
Es un proceso de impresión en el que la tinta de sublimación se convierte en gas y se fusiona con las fibras del tejido.

Continúa en página siguiente >>

<< Viene de página anterior

Transferencia

Es un proceso de impresión en el que se imprime el diseño usando tintas pigmentadas o de sublimación. Luego se transfiere al tejido aplicando calor y presión.

Vidrio y cristal

La impresión en vidrio o cristal transfiere imágenes o diseños a superficies de vidrio mediante técnicas como la serigrafía, la impresión digital o la transferencia. Es común en botellas, paneles de vidrio y copas.

Cerámica

Se usa para la impresión de imágenes en platos, tazas o azulejos.

 Actividades

9. ¿Cuáles cree que serían los pasos que habría de seguir para imprimir un diseño en cerámica?

Madera

Se usa para la impresión en muebles, cajas o juguetes. Además de otras técnicas de impresión usadas para el resto de los soportes no papeleros, es común el uso del estampado sobre madera, en el que se transfiere la tinta mediante un sello. Se usa principalmente en manualidades y decoración.

Aplicación práctica

Una imprenta pequeña, llamada Nexus, recibe la visita de un cliente que le pide una impresión en un material biodegradable poco típico: es una fotografía con un paisaje con colores intensos y detalles. Quiere que la imagen quede natural y con colores vivos. Explique el proceso que debería seguir la imprenta, qué tipo de impresión se debe usar, qué tipo de materias primas habría de elegir y cuáles serían sus acabados.

SOLUCIÓN

La imprenta decide utilizar papel plantable, porque es un papel biodegradable y que además es muy especial, ya que se puede plantar una vez usado, lo que le da un toque de distinción al producto final.

Para imprimir la imagen en este papel, la imprenta tiene que elegir un papel de semillas de alta calidad y superficie lisa. Este soporte proporcionará una base sólida y natural para la imagen, con una textura única que agregará calidad.

Utilizará una impresora de inyección de tinta de alta resolución con tintas pigmentadas especiales para imprimir directamente sobre la superficie de este tipo de papel. Antes de la impresión, preparará el soporte con un tratamiento superficial para asegurar una adhesión adecuada de la tinta.

Como parte del proceso final, se asegurará de que la imagen impresa esté perfectamente encajada y protegida, y que se ve con claridad, ya que el material es delicado.

Soportes compuestos

Son aquellos soportes que en su composición combinan materiales papeleros y no papeleros, a menudo sumando las **características** de ambos:

- Compuestos de papel o plástico y metal: en embalajes y etiquetas.
- Compuestos con adhesivos: para pegatinas o etiquetas.
- Compuestos coextrusionados: se forman por dos tipos de plásticos fusionados por extrusión. Se suele usar en alimentación (tetrabriks).

6. Soportes digitales

Los soportes digitales son las plataformas y medios electrónicos a través de los cuales se despliegan y distribuyen los productos gráficos digitales. Estos soportes permiten una mayor interacción, accesibilidad global y flexibilidad.

Pantallas de dispositivos electrónicos
- Ordenadores de sobremesa y portátiles, tabletas y *smartphones*. Son dispositivos que ofrecen acceso a gráficos digitales a través de aplicaciones y navegadores web, con interfaces táctiles y alta resolución.

Sitios web
- Páginas web y blogs donde se presentan gráficos digitales en forma de imágenes, infografías, *banners* publicitarios, etc.

Aplicaciones móviles
- Aplicaciones para plataformas como *Facebook, Instagram, X* y *LinkedIn*, en las cuales se comparten y se visualizan gráficos digitales, como publicaciones, historias y anuncios. También existen apps dedicadas al diseño gráfico, a la edición de imágenes, como *Adobe Creative Cloud, Canva* y *Procreate*.

Plataformas de publicación digital
- *E-books* y revistas digitales con publicaciones periódicas. Los *e-books* son libros electrónicos que se pueden leer en dispositivos como Kindle o en aplicaciones de lectura en tabletas y *smartphones*.

Sistemas de gestión de contenidos (CMS)
- Son plataformas que permiten la creación, gestión y distribución de contenido gráfico digital en sitios web. Destacan *Wordpress, Joomla* y *Drupal*.

Plataformas de publicidad digital
- Sistemas que utilizan gráficos digitales para crear anuncios publicitarios dirigidos en múltiples sitios web y aplicaciones. Por ejemplo, *Google Ads*.

Plataformas de vídeo y *streaming*
- Sitios donde se comparten y visualizan gráficos digitales en forma de vídeos, presentaciones animadas y transmisiones en vivo. Son por ejemplo *YouTube* o *Twitch*.

Continúa en página siguiente >>

<< Viene de página anterior

Plataformas de almacenamiento
- Son servicios en la nube que permiten almacenar y compartir gráficos digitales, lo que facilita la colaboración y el acceso remoto. Por ejemplo, *Google Drive, Dropbox* y *OneDrive*.

Interfaces de usuario (UI)
- Son interfaces gráficas diseñadas para aplicaciones de escritorio y móviles que mejoran la experiencia del usuario.

Plataformas de realidad aumentada y virtual (AR/VR)
- AR: aplicaciones y dispositivos que superponen gráficos digitales en el mundo real. Proporcionan una experiencia interactiva y enriquecida.
- VR: entornos virtuales completamente gráficos accesibles a través de dispositivos que ofrecen experiencias inmersivas.

Actividades

10. Aunque estos son los principales soportes digitales, existen otros susceptibles de ser diseñados como producto editorial. Busque ejemplos.

7. Procesos de preimpresión

El **proceso de preimpresión** es una fase crucial, en la cual se prepara los archivos digitales para ser impresos de manera efectiva y precisa. Esta etapa asegura que todos los elementos gráficos estén correctamente configurados Es un proceso en el que se pueden diferenciar variar **etapas:**

1. **Revisión y corrección de archivos:** se revisa el texto, las imágenes y otros elementos para corregir errores ortográficos, gramaticales y de diseño.

2. **Preparación de imágenes:** las imágenes se ajustan a la resolución adecuada para la impresión, generalmente 300 ppp. Estas se deben guardar en formatos adecuados para la impresión, como TIFF, EPS o PDF.

3. **Configuración del color:** se convierte todo el contenido gráfico de RGB a CMYK, el espacio de color utilizado por la mayoría de las impresoras.

4. **Creación de sangrías y márgenes:** se añaden sangrías de 3 a 5 mm alrededor del documento, para garantizar que no queden bordes blancos después del corte, y se establecen márgenes de seguridad.

5. *Trapping:* se ajustan las áreas donde los colores se encuentran para prevenir problemas de registro durante la impresión.

6. **Generación de archivos PDF:** los archivos se exportan a formato PDF. Los estándares de la imprenta compatibles son PDF/X-1a o PDF/X-4.

7. **Imposición:** se organizan las páginas en una hoja de impresión, de manera que, cuando se doblen y se recorten, queden en el orden correcto.

8. **Pruebas de preimpresión:** hay dos tipos de pruebas: pruebas digitales o *soft proof,* que se generan para revisar y aprobar el diseño y el contenido antes de la impresión; y pruebas físicas o *hard proofs,* que se generan para mostrar una representación precisa del resultado.

9. **Verificación final o *preflight:*** se realiza una comprobación final del archivo para asegurar que no haya errores, como fuentes faltantes, imágenes de baja resolución o problemas de color.

 Aplicación práctica

La editorial Grooten Impresiones está preparando un nuevo catálogo de productos que incluye imágenes de alta resolución y textos descriptivos. Describa los pasos necesarios en el proceso de preimpresión para asegurar que los archivos están listos para ser enviados a la imprenta.

Continúa en página siguiente >>

<< Viene de página anterior

SOLUCIÓN

Paso 1. Revisión de archivos:
- Verificar la resolución de las imágenes (mínimo 300 dpi).
- Asegurarse de que todos los colores están en el modo CMYK.

Paso 2. Ajustes de color:
- Realizar pruebas de color para garantizar que los tonos sean precisos.
- Ajustar niveles de brillo y contraste si es necesario.

Paso 3. Creación de sangrados y márgenes:
- Añadir sangrados (3 mm) para evitar bordes blancos no deseados.
- Asegurarse de que los márgenes interiores y exteriores cumplen con los requisitos de impresión.

Paso 4. Generación de archivos PDF/X:
- Convertir los archivos a formato PDF/X para asegurar la compatibilidad y la integridad de los datos durante la impresión.
- Incluir marcas de corte y registro.

Paso 5. Revisión y aprobación final:
- Revisar los archivos finales con todo el equipo y obtener la aprobación del cliente antes de enviarlos a la imprenta.

7.1. *Copy:* editor de textos

El *copy* o **editor de textos** es un profesional esencial en la creación de contenido persuasivo y efectivo. Su habilidad para redactar, revisar y optimizar textos contribuye al éxito de campañas publicitarias y proyectos de *marketing,* garantizando que los mensajes sean claros y atractivos para el público objetivo. Sus principales **tareas** incluyen:

- **Redacción creativa:** desarrolla textos persuasivos para publicidad, crea eslóganes y lemas que capturan la esencia de la marca.

- **Desarrollo de contenido:** redacta artículos, *blog posts* y contenido web optimizado para SEO, así como guiones para vídeos y *podcasts.*
- **Revisión y edición:** asegura la calidad del contenido corrigiendo el estilo, la gramática y la ortografía.
- **Optimización de contenidos:** aplica técnicas de SEO y adapta el contenido para diferentes plataformas y formatos.
- **Investigación y análisis:** realiza estudios de mercado para entender al público y evalúa el rendimiento del contenido mediante métricas.
- **Colaboración y coordinación:** trabaja en equipo con diseñadores, especialistas en *marketing* y otros profesionales.

 Actividades

11. Va a realizar la labor que haría un *copy* o editor de textos. Escriba un *blog post* de 500 palabras sobre los beneficios del uso de productos ecológicos. Optimice el texto para SEO, incorporando al menos cinco palabras clave relevantes, e incluya un eslogan que encapsule la esencia distintiva de la campaña.

7.2. Sistemas de formatos, formatos compatibles, formatos económicos y/o que facilitan los procesos

En el contexto de la industria gráfica, los formatos hacen referencia a las dimensiones y especificaciones del documento que se va a imprimir.

Sistema de formatos para papel

La elección del formato de papel es crucial para asegurar la eficiencia, calidad y economía del proceso.

Los tamaños de papel estandarizados se rigen por la norma ISO 216, que especifica los formatos utilizados internacionalmente, excepto en Estados Unidos y Canadá, donde se usa el tamaño *letter.* Esta norma, "Papel de escritura y ciertos tipos de impresos. Formatos acabados. Series A y B, e indicador de dirección máquina (ISO 216:2008)", se basa en la norma alemana DIN 476. La ISO 216 clasifica los tamaños de papel según sus dimensiones, asegurando la calidad de este.

Cada serie mantiene una proporción que garantiza que, al dividir una hoja por la mitad, las mitades mantengan la proporción del pliego original. Los tamaños de papel, conocidos como DIN, se dividen en varias series. Las series A y B son las que regulan las dimensiones del papel.

 **Nota**

DIN son las siglas de *Deutches Institut für Normung* (Instituto Alemán de Normalización).

Serie A

Incluye los tamaños más comunes en la industria gráfica, con el A0 como el más grande. Cada tamaño sucesivo (A1, A2, A3, etc.) es la mitad del tamaño del anterior.

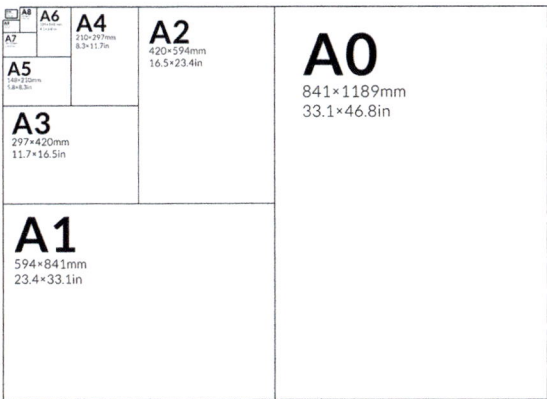

Tamaños de papel de la serie A

Nota

Para la impresión de un cartel en formato A0, hay que asegurarse de que la imagen sea de 841 x 1189 mm en 300 pp. También es importante añadir un margen de fondo perdido de 3 mm a las imágenes.

Serie B

Esta serie es menos habitual y se suele usar solo en entornos profesionales. Se usa para obtener los tamaños intermedios en la serie A, que en ocasiones suelen resultar demasiado grandes o pequeños.

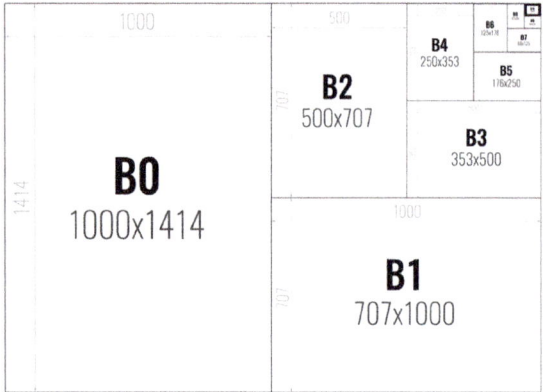

Tamaños de papel de la serie B

Sabía que...

Existe también una serie llamada Serie C, que abarca los tamaños de los sobres y está avalada por la ISO 1015.

Sin duda, los formatos que más destacan son el A4 y el A3, ya que son los más económicos y los que más facilitan el proceso de impresión. El formato A4 es compatible con la mayoría de las impresoras y copiadoras de oficina. Es ampliamente disponible, de bajo costo, y su tamaño estándar lo hace fácil de manejar y almacenar. Por otro lado, el tamaño A3 se utiliza en impresoras de gran formato y en copiado para pósteres y gráficos.

Sistema de formatos digitales

Los formatos hacen referencia a las diversas especificaciones técnicas que determinan cómo se almacenan, presentan y procesan los datos.

Estos formatos se podrían clasificar en:

Formatos de imagen
JPEG: para fotografías y gráficos web debido a su pequeño tamaño. **PNG**: para gráficos con transparencia y sin pérdida de calidad. **TIFF**: utilizado en impresión y escaneo debido a su alta calidad y capacidad para manejar imágenes sin pérdida. **GIF**: utilizado para gráficos animados y pequeños en la web.

Formatos de documentos
PDF: formato utilizado para documentos que requieren mantener su diseño y formato. **DOCX**: formato de documentos de texto utilizado en *Microsoft Office*. **ODT**: formato de texto abierto utilizado por aplicaciones de *software* libre como *LibreOffice*.

Formatos de audio
MP3: formato de audio comprimido con pérdida, muy popular debido a su tamaño reducido y calidad aceptable. **WAV**: formato de audio sin compresión, utilizado para grabaciones.

Formatos de vídeo
MP4: formato de vídeo comprimido con alta compatibilidad y calidad. **AVI**: formato de vídeo más antiguo, pero todavía en uso, compatible con muchas plataformas y dispositivos.

Actividades

12. Investigue las características técnicas de los formatos de imagen JPEG, PNG, TIFF y GIF. Elabore una tabla comparativa que incluya las siguientes columnas: formato, compresión, calidad de imagen, compatibilidad y uso típico.

7.3. Obtención de los contenidos del producto gráfico: textos, imágenes, ilustraciones

La creación de un producto gráfico exitoso depende en gran medida de la calidad y relevancia de sus contenidos con textos, imágenes e ilustraciones.

Obtención de textos

Para obtener textos que contribuyan al desarrollo del producto gráfico, se deben seguir los siguientes pasos: primero, se debe contratar a profesionales especializados en **redacción persuasiva,** como *copies,* autores y escritores, para crear contenido original para publicidad, *marketing* y contenidos editoriales, incluyendo artículos, libros e informes. Segundo, es necesaria la **recopilación de información** de fuentes confiables, como libros, artículos académicos, sitios web de autoridad y bases de datos especializadas, así como entrevistas con expertos o encuestas a audiencias específicas para obtener datos relevantes y actualizados. Por último, los **editores de texto** revisan y corrigen los posibles errores gramaticales, ortográficos y de estilo, asegurando coherencia y claridad en el contenido.

Nota

Para la obtención y tratamiento de los textos se pueden usar programas informáticos como los siguientes:

Continúa en página siguiente >>

<< Viene de página anterior

▎ Programas de obtención de textos como *Google Docs.*
▎ Programas de tratamiento de textos como *Microsoft Word* o *LibreOffice.*
▎ Programas de optimización de textos para SEO como *Yoast SEO* o *Ahrefs.*

Obtención de imágenes

Para obtener imágenes que contribuyan al desarrollo del producto gráfico, se pueden realizar diferentes acciones. Se pueden **contratar fotógrafos** o estudios fotográficos para sesiones específicas, asegurando imágenes de alta calidad. También se puede acceder a **bancos de imágenes** en línea, como *Shutterstock, Getty Images* y *Adobe Stock,* donde se pueden adquirir licencias para fotografías profesionales, además de plataformas como *Unsplash* y *Pexels,* que ofrecen imágenes gratuitas con licencias comerciales. Por último, es posible utilizar **equipos internos** para tomar fotografías específicas que se ajusten a las necesidades del proyecto.

Obtención de ilustraciones

Para la obtención de ilustraciones, se deben seguir varios pasos. Primero, es importante trabajar con **ilustradores profesionales** para crear ilustraciones personalizadas que se ajusten al estilo y objetivo del producto gráfico, o establecer colaboraciones con artistas para asegurar un estilo único y coherente. También se pueden utilizar **bancos de ilustraciones** como *iStock, Freepik* y *VectorStock,* que ofrecen ilustraciones listas para usar con licencias adecuadas, además de sitios como *Pixabay* y *OpenClipart,* que proporcionan ilustraciones gratuitas bajo ciertas condiciones. Por último, se pueden emplear **herramientas de diseño gráfico** como *Adobe Illustrator, CorelDRAW* o *Inkscape,* junto con tabletas gráficas, para crear ilustraciones digitales personalizadas.

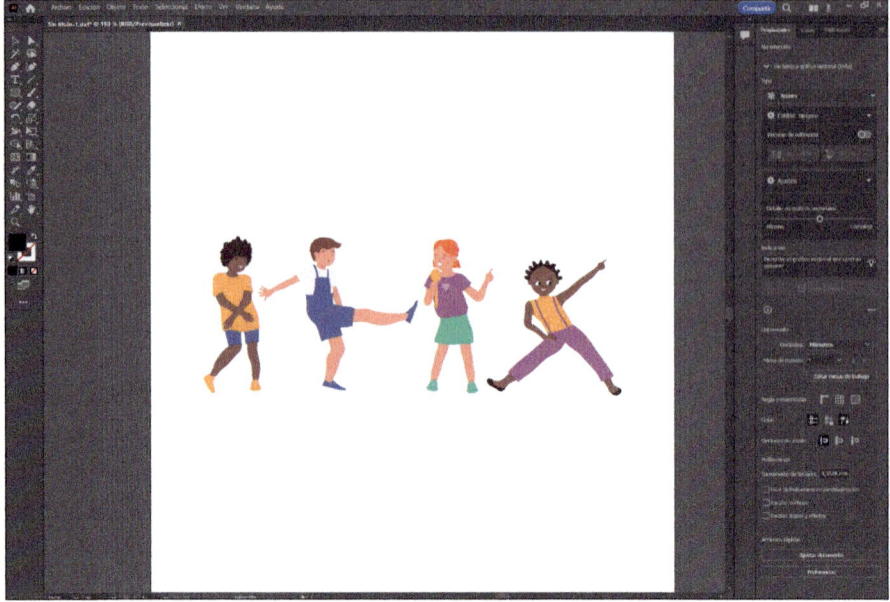

Ventana principal de Adobe Illustrator, en el que se pueden generar un sinfín de ilustraciones digitales.

 Consejo

Se deben tener en cuenta los derechos de autor y las licencias de los textos e ilustraciones, la calidad y resolución de estas y la optimización según el medio que se va a emplear y la audiencia objetivo.

 Actividades

13. Elija un tema para su producto gráfico y uno de los bancos de imágenes que se han mencionado y realice una búsqueda, seleccionando aquellas que usaría para su producto gráfico.

8. Tintas: tipos y características

Dentro de la industria gráfica, las **tintas** son aquellas sustancias consistentes en una mezcla polimérica en disolución a la que se le añade un pigmento para impartir color. Pueden ser líquidas o semilíquidas, y se utilizan para transferir texto o elementos gráficos a un sustrato, tanto en soporte papelero como no papelero.

Las características de las tintas y su clasificación por tipos vienen determinadas por sus **componentes:**

- **Pigmentos:** las materias colorantes de origen natural o sintético que dan color a la tinta según la absorción y difusión de la luz.
- **Resinas:** los componentes que hacen que la tinta se adhiera a la superficie del sustrato, que tenga resistencia y, por tanto, durabilidad en el tiempo, también flexibilidad. Están compuestas por poliuretano, poliéster o acrílico.
- **Disolventes:** aquellos líquidos que se usan para disolver los componentes de la tinta para que sea fácil de aplicar y se evapore rápidamente. Pueden ser orgánicos, con base de agua o una mezcla de ambos.
- **Aditivos:** componentes químicos que se agregan a las tintas para mejorar algunas características de estas como la viscosidad, la estabilidad del color, el secado, etc. Los aditivos básicos que deben llevar todas las tintas son aditivos secantes, antisecantes, ceras, correctores de viscosidad y tiro, suavizantes, cargas para reducir el tono y pastas antirrepintado.

 Definición

Tiro de la tinta
Es la cantidad de tinta que se transfiere desde los rodillos de la impresora al sustrato.

Actividades

14. Busque información sobre la historia de la invención de la tinta y realice un breve resumen.

8.1. Clasificación según el modo de impresión

Los **modos de impresión** son aquellos métodos que se utilizan para transferir los textos o imágenes a un sustrato físico de un soporte. Según el modo de impresión se elige un tipo de tinta u otro que se adapte.

Tintas para *offset*

Estas tintas son de base oleosa. Están compuestas de pigmentos, aceites y solventes. Se pueden aplicar en sustratos como papel, cartón y metal.

Tintas para flexografía

Disponibles a base de agua o solventes, estas tintas pueden usarse en una variedad de sustratos. Se caracterizan por que se secan rápido.

Tintas para huecograbado

Estas tintas comparten las características de las tintas para flexografía, pero son especialmente adecuadas para imprimir detalles finos.

Nota

El **huecograbado** es una de las técnicas más antiguas. Es un método en el que las imágenes o el texto se transfieren al sustrato a través de cilindros grabados en relieves.

Tintas para serigrafía

Estas tintas pueden ser a base de agua, solventes o PVC. Son adecuadas para una amplia variedad de sustratos.

Tintas ultravioletas (para impresión UV)

Estas tintas son altamente resistentes a la luz, la abrasión y los productos químicos. Se secan inmediatamente cuando se exponen a la luz ultravioleta. Sin embargo, tienden a ser más costosas que otras tintas.

8.2. Clasificación según la composición de las tintas

Aunque normalmente se tiende a clasificar las tintas según el modo de impresión, también se pueden definir los tipos según sus componentes.

Tintas a base agua

Estas tintas utilizan agua como vehículo para pigmentos y aditivos, y se emplean principalmente en impresión *offset* y flexografía. Sin embargo, son menos resistentes a la abrasión y no se recomiendan para uso exterior. Se utilizan principalmente en carteles, fotografías y envases de alimentos.

Tintas a base de solventes

Estas tintas utilizan solventes orgánicos como la acetona para los pigmentos. Se emplean principalmente en serigrafía y flexografía para imprimir señalizaciones y componentes de vehículos debido a su resistencia. Sin embargo, su uso se desaconseja por la emisión de compuestos orgánicos volátiles (VOC), y su impacto en la salud y el medioambiente.

 **Nota**

Las tintas ecosolventes, que utilizan extractos de aceite refinado en lugar de solventes orgánicos, son una alternativa más saludable y ecológica. Son especialmente adecuadas para lonas y *banners*. Ofrecen beneficios ambientales y de salud. Sin embargo, su durabilidad es menor, con una vida útil de entre 12 y 18 meses, especialmente en plásticos.

Tintas a base de ultravioleta (UV)

Estas tintas se secan rápidamente al ser expuestas a la luz UV, gracias a una reacción química llamada polimerización, que crea una capa de tinta resistente. Se utilizan comúnmente en impresión *offset* y flexografía. Son muy duraderas y resistentes.

Tintas de látex

Estas tintas utilizan partículas de látex como vehículo para los pigmentos. También conocidas como tintas de resinas, están compuestas de resinas, agua y aditivos. Admiten una amplia gama de colores y son muy respetuosas con el medioambiente. Es una de las tintas más sostenibles. Se emplean en cartelería, fotografía y vinilos.

Tintas de sublimación

Estas tintas no están en estado líquido, pasan del estado sólido al gaseoso mediante presión y calor. Se utilizan en impresoras de sublimación para imprimir en sustratos como tejidos o cerámica. Normalmente, se imprimen en papel mediante calor con una plancha *transfer*.

Tintas sólidas

Estas tintas tienen una textura similar a la cera, que se vuelve líquida al calentarse. Pueden aplicarse en cualquier superficie de sustrato.

Actividades

15. Indique qué tipo de tinta elegiría para imprimir un póster. Justifique su respuesta y mencione el tipo de clasificación que haya usado.

9. Procesos de impresión

El proceso de impresión es una secuencia de pasos meticulosa que transforma los diseños digitales en productos gráficos tangibles.

9.1. Interacción papel-tinta en la impresión

La interacción entre el papel y la tinta es un aspecto fundamental en el proceso de impresión, ya que afecta directamente a la calidad del producto final. Esta interacción depende de varios **factores:**

- **Características del papel:**

  - **Composición y tipo de fibra:** el papel puede estar hecho de fibra de madera, que ofrece una absorción moderada o fibra de algodón, que proporciona una absorción uniforme y es excelente para trabajos artísticos.
  - **Acabado:** los papeles pueden tener acabado mate, que absorbe bien la tinta y reduce el brillo; brillante, que ofrece colores vivos, pero puede retardar la absorción de tinta; y satinado, que equilibra absorción y brillo.
  - **Porosidad y absorción:** los papeles con alta porosidad absorben rápidamente la tinta, pero reducen la definición; los de baja porosidad tienen mayor nitidez, pero con tiempos de secado más largos.
  - **Gramaje y espesor:** el gramaje bajo se usa para documentos y folletos, mientras que el alto es ideal para impresiones como carteles.

- **Propiedades de la tinta:**

  - **Viscosidad:** la tinta de alta viscosidad se usa en *offset* para controlar la transferencia; la de baja viscosidad, en impresión digital por su absorción.
  - **Base de la tinta:** depende de los componentes de la tinta.
  - **Pigmentación:** las tintas pigmentadas son duraderas y resistentes; las de tintes ofrecen colores brillantes, pero duran menos en presencia de luz y agua.

 Actividades

16. Aquí se mencionan las principales propiedades de la tinta que se deben tener en cuenta; sin embargo, la tinta también tiene otras propiedades, como el secado, la adhesión o la resistencia a la abrasión. Busque información y descríbalas.

- **Métodos de impresión:**
  Hay diferentes métodos o tipos de impresión. Su uso depende del tipo del papel y la tinta. Destacan la impresión *offset,* la digital, la flexografía o la serigrafía.

 Actividades

17. Aunque los mencionados son los métodos de impresión más usados, también existen otros. Destaca por ejemplo la impresión por inyección de tinta. Busque información al respecto.

■ **Factores ambientales:**

▎**Temperatura y humedad:** afectan a la absorción de tinta y el secado.

▎**Secado de la tinta:** el secado rápido evita manchas; el lento mejora la calidad en papeles especiales.

9.2. Definición del sistema de impresión o *software* digital

En el ámbito de la producción gráfica, la definición del sistema de impresión y el *software* digital son componentes clave.

Sistemas de impresión

Los sistemas de impresión son conjuntos de técnicas y tecnologías utilizadas para transferir imágenes y texto de un medio digital o físico a un soporte, como papel, tela, plástico o metal, entre otros.

Impresión offset

Es una técnica de impresión plana. La imagen se transfiere de una plancha de metal a un cilindro de goma y luego al papel. Tiene una alta calidad de impresión. Se suele usar en libros, folletos o periódicos.

Impresión digital

Utiliza archivos digitales para imprimir directamente sobre el soporte sin necesidad de planchas. Es ideal para tiradas cortas y personalización, rápida y flexible. El tiempo de preparación es menor. Se usa para pequeñas tiradas.

Serigrafía

Técnica que consiste en que la tinta se empuja a través de una malla tensada sobre un marco, lo que permite que pase a través de áreas no bloqueadas por una plantilla. Posee la capacidad de imprimir sobre una variedad de materiales y tiene alta durabilidad de la impresión. Se usa en ropa, textiles, señalización, etc.

Flexografía

Sistema de impresión en relieve que utiliza planchas flexibles y tintas líquidas de secado rápido. Es adecuada para imprimir en materiales no porosos. Tiene alta velocidad de impresión y es excelente para grandes volúmenes. Se suele usar en embalajes, etiquetas, papel de regalo y envoltorios de alimentos.

 Aplicación práctica

Arte Editorial está publicando un libro de arte que presenta pinturas de varios artistas contemporáneos. Necesita seleccionar la técnica de impresión más adecuada para asegurar una reproducción fiel de los colores y detalles de las obras.

SOLUCIÓN

Para la publicación del libro de arte de Arte Editorial, es fundamental elegir una técnica de impresión que garantice una reproducción fiel de los colores y detalles de las obras.

La impresión *offset* es la técnica más adecuada para la publicación del libro, ya que proporciona la mejor calidad de impresión y la fidelidad necesaria para reproducir los colores y detalles de las pinturas de los artistas contemporáneos. Esto asegurará que el libro cumpla con las expectativas de calidad que el contenido artístico exige.

Software digital

El *software* digital se refiere a las herramientas y aplicaciones utilizadas para diseñar, preparar y gestionar los contenidos gráficos que serán impresos. Algunos de los principales tipos de *software* digital son:

- **Software de diseño gráfico:** este tipo de *software* se utiliza para crear y editar gráficos, ilustraciones y diseños digitales. Ejemplos: *Adobe Photoshop, Adobe Illustrator, CorelDRAW.*
- **Software de maquetación:** se utiliza para crear y diseñar diseños de página complejos, como revistas, periódicos, libros, folletos y otros materiales impresos. Facilita la disposición de texto, imágenes y otros elementos gráficos. Ejemplos: *Adobe InDesign, QuarkXPress.*
- **Software de preimpresión:** se utiliza en la fase previa a la impresión para preparar y asegurar que los archivos estén listos para el proceso de impresión. Ejemplos: *Adobe Acrobat, Enfocus PitStop.*
- **Software de gestión de color:** se utiliza para gestionar y controlar la precisión del color en el proceso de diseño y producción gráfica. Ejemplos: *Pantone Color Manager, X-Rite i1Profiler.*
- **Software de RIP (Raster Image Processor):** se utiliza específicamente en la impresión digital para procesar archivos de imagen rasterizada y convertirlos en datos que la impresora puede entender y procesar. Ejemplos: *EFI Fiery, Wasatch SoftRIP.*
- **Software de gestión de imprentas (MIS):** se utiliza para gestionar todos los aspectos operativos y administrativos de una imprenta o empresa de impresión. Ejemplos: *PrintVis, EFI Pace.*

 Actividades

18. Si no tiene instalado *Adobe Indesign,* descárguelo de la página de Adobe e instálelo. Cree un documento con un texto básico y una portada, y maquételo en este programa. Se puede ayudar de los diversos tutoriales que hay disponibles en *YouTube.*

9.3. Tipos de acabados: barnices, plastificados...

Al hablar de acabados en impresión, se hace referencia a las técnicas y procesos utilizados para mejorar o modificar la apariencia final de un soporte de impresión al que ya se le ha aplicado la tinta, otorgándole valor añadido al producto final en cuestión de calidad.

Barnizado

Aplicación de una capa de barniz sobre el papel impreso para proporcionar protección contra el desgaste y mejorar la apariencia. Puede ser mate, brillante o satinado. Se puede diferenciar entre dos tipos de aplicación del barnizado:

- **Aplicación en línea:** se realiza durante el proceso de impresión mediante unidades de barnizado en las que se aplica el barniz a medida que la hoja pasa a través de la impresora.
- **Aplicación fuera de línea:** el barnizado se realiza como un proceso adicional, en máquinas barnizadas que solo se usan con ese fin.

 Nota

En superficies delicadas o acabados personalizados se puede realizar una aplicación manual o bien por pulverización. Se usa para ello una pistola fija o móvil, mientras el soporte a barnizar gira a gran velocidad, o bien mediante pinceles. Esta última solo se usaría para pequeños proyectos y acabados personalizados, ya que requiere de mucho tiempo.

Plastificado o laminado

Aplicación de una película plástica sobre la superficie impresa mediante calor y presión para que tenga una capa protectora que mejore la durabilidad. Hay dos tipos de plastificado:

- **Laminado brillante:** se usa para portadas de libros, menús o tarjetas de presentación.
- **Laminado mate:** capa plástica mate que proporciona un acabado elegante. Se suele usar en catálogos o portadas de libros de lujo.

Relieve y grabado en seco

Estos dos acabados consistirían en:

- **Relieve o *embossing:*** elevación de áreas específicas del diseño para crear texturas o efectos tridimensionales. Se usa en tarjetas de presentación, invitaciones, certificados.
- **Grabado en seco o *debossing:*** presión en áreas específicas para crear impresiones sin tinta, dejando una marca visual y táctil en el papel. Se usa en portadas de libros, invitaciones, etiquetas de productos de lujo.

Impresión por calor *(hot stamping)*

Técnica que utiliza calor y presión para transferir imágenes o textos preimpresos desde una lámina de transferencia a la superficie del papel. Puede incluir acabados metálicos y holográficos.

Gofrado

Creación de áreas elevadas en el papel mediante presión para dar textura o realzar elementos específicos del diseño, como logotipos o detalles importantes.

 Actividades

19. Busque más información sobre el plastificado. Indique las ventajas y desventajas del uso de esta técnica.

Aplicación práctica

Corporación EcoGráfica debe diseñar y producir el informe anual de una empresa multinacional. Este informe se distribuirá a accionistas y clientes importantes, por lo que debe tener un acabado profesional y atractivo.

SOLUCIÓN

Para el informe anual de la empresa multinacional Corporación EcoGráfica debería optar por un acabado de laminado mate en las cubiertas y barnizado selectivo en elementos clave como el título y los logotipos.

El laminado mate ofrece una apariencia elegante y profesional, adecuada para un documento corporativo de alta importancia. Además, este tipo de acabado protege las páginas del desgaste, ya que va a ser un documento muy usado.

El barnizado selectivo añade un toque de sofisticación al resaltar ciertos elementos del diseño, creando un impacto visual adicional y guiando la atención del lector hacia las partes más importantes del informe.

9.4. Tipos de manipulados: cortes, hendidos, plegados...

El **manipulado** se refiere a las operaciones realizadas después de la impresión y antes del acabado final del producto, necesarias para preparar el material impreso para su presentación o para cumplir con especificaciones del cliente. Su objetivo principal es preparar físicamente el material impreso para su acabado final y asegurar que cumpla con los requisitos esperados.

Los tipos de manipulados más relevantes son los siguientes.

Corte y troquelado

El **corte** se usa para adaptar a las dimensiones finales requeridas para el producto final, como folletos, tarjetas o carteles. El tipo más común es el corte recto con guillotinas o cortadoras de papel.

El **troquelado** es un tipo de corte del papel o cartón en formas específicas mediante un troquel. Se utiliza para crear formas personalizadas en impresos como tarjetas o envases.

Hendido

Realización de líneas de hendido en el papel para facilitar el plegado, sin que el material se rompa. Es especialmente útil en impresos con pliegues.

Plegado

Doblado del papel para crear formatos específicos como trípticos, dípticos o folletos. Se puede hacer manualmente o mediante máquinas de plegado.

Perforado

Creación de perforaciones o agujeros en el papel para facilitar el rasgado o la inserción en carpetas, cuadernos u otros sistemas de organización.

Encolado

Aplicación de adhesivo en ciertas áreas del papel para unir partes o crear productos como blocs de notas o libros encuadernados.

Encuadernado

Proceso de unión de hojas impresas para formar un documento completo. Puede incluir diferentes tipos de encuadernación:

- **Encuadernación encolada:** las páginas se unen con adhesivo en el borde. Es ideal para libros de tapa blanda pero no muy gruesos.
- **Encuadernación engomada:** utiliza adhesivo ligero y seco para unir páginas. Es comúnmente usado en cuadernos y blocs de notas.
- **Encuadernación cosida:** páginas cosidas junto a la cubierta con hilo. Ofrecen la durabilidad adecuada para libros que se manejen frecuentemente.
- **Encuadernación fresada o americana:** lomo del papel fresado y unido con adhesivo caliente. Especialmente usada en libros de bolsillo.

- **Encuadernación con grapas o grapada:** páginas unidas mediante grapas metálicas. Utilizada en revistas y folletos con vida útil corta.
- **Encuadernación en espiral:** páginas unidas con espiral metálico o plástico que permite abrir completamente el libro y doblarlo sin dañar las páginas. Es común en cuadernos y manuales.
- **Encuadernación en *wire-o:*** anillos metálicos en forma de doble hélice que se insertan en agujeros perforados en el borde de las páginas.
- **Encuadernación rústica:** tapa blanda con cubierta flexible de papel grueso. Se utiliza en libros de menor coste y ediciones más simples.
- **Encuadernación en tapa dura o cartoné:** cubierta rígida de cartón unida a las páginas mediante cosido o adhesivo, lo cual proporciona durabilidad.
- **Encuadernación japonesa:** método artesanal con costura a mano y nudos decorativos en el exterior de las cubiertas. Es apreciada por su estética.
- **Encuadernación con tornillos:** utilización de tornillos o pernos para unir páginas. Resulta ideal para documentos que requieren modificaciones frecuentes y flexibilidad en la organización del contenido.
- **Encuadernación en piel:** cubierta de cuero que proporciona un acabado clásico y duradero. Es utilizado en ediciones de lujo.

Sabía que...

Hay una serie de encuadernaciones que se usan para crear acabados únicos, como la encuadernación Chanel, encuadernación copta, encuadernación holandesa o encuadernación en espina.

Actividades

20. Hay diferentes tipos de cosido para la encuadernación. Busque algunos y realice un breve resumen.

9.5. Normativa sanitaria y medioambiental referente al uso de soportes y tintas

El uso de soportes y tintas en la industria gráfica está sujeto a diversas normativas sanitarias y medioambientales, destinadas a proteger la salud de los trabajadores, los consumidores y el medio ambiente.

Normativas sanitarias

La normativa sanitaria regula la composición de los materiales, la seguridad para los usuarios, el impacto ambiental, el etiquetado y el cumplimiento de normativas internacionales.

1. **Reglamento REACH (registro, evaluación, autorización y restricción de sustancias químicas):** reglamento de la Unión Europea que regula la producción y el uso de sustancias químicas, incluyendo las tintas.
2. **Normativa sobre seguridad de productos alimenticios (Reglamento 1935/2004/CE):** reglamentación de la UE sobre materiales y objetos destinados a entrar en contacto con alimentos. Pretende asegurar que los soportes y tintas utilizados no transfieran sustancias nocivas.
3. **Normas OSHA** *(Occupational Safety and Health Administration):* normas de EE. UU. que regulan la seguridad y salud en el trabajo en relación con el uso de equipos de protección personal, control de exposición a sustancias químicas y procedimientos de manejo seguro de tintas y solventes.

Normativas medioambientales

Las normativas medioambientales se enfocan en la reducción de emisiones y residuos, el manejo seguro de productos químicos, la eficiencia energética y la gestión sostenible de recursos y materias primas. Algunas de las más destacables son:

1. **ISO 14001 (sistemas de gestión ambiental):** norma internacional que proporciona un marco para la gestión ambiental efectiva. Promueve la sostenibilidad y mejora el desempeño ambiental.

2. **Certificación FSC** *(Forest Stewardship Council):* certificación que asegura que los productos de papel provienen de bosques gestionados de manera sostenible.

3. **Certificación PEFC** *(Programme for the Endorsement of Forest Certification):* certificación que garantiza que los productos de madera y papel provienen de fuentes sostenibles.

4. **Reglamento sobre emisiones de compuestos orgánicos volátiles (COV):** regulaciones que limitan las emisiones de compuestos orgánicos volátiles provenientes de tintas y solventes.

Otras normas adicionales que es importante tener en cuenta a la hora de producir un producto gráfico son:

1. **Normas ISO 12647 (procesos de control de calidad en la impresión):** son estándares para asegurar la calidad y consistencia en los procesos de impresión.

2. **Normas sobre residuos peligrosos:** regulaciones sobre la gestión y disposición de residuos peligrosos, incluyendo solventes y desechos de tinta.

 Actividades

21. Escoja una de las normativas mencionadas y analice cómo afecta a la industria de la impresión, especialmente en el uso de soportes y tintas.

9.6. Condiciones de etiquetado de productos comerciales

El etiquetado de productos comerciales proporciona información esencial sobre el producto, asegura el cumplimiento legal y ayuda a proteger los derechos del consumidor. Las etiquetas deben cumplir con ciertas condiciones y regulaciones para ser claras, precisas y útiles. Debe incluir:

- **Información básica obligatoria:** nombre del producto, marca, cantidad neta (indicación de la cantidad del producto en términos de peso, volumen o número de unidades), lista de ingredientes, fecha de caducidad o consumo preferente e instrucciones de uso.
- **Información nutricional y alergénica (para productos alimenticios):** deberá ser una tabla que incluya los valores nutricionales por porción o 100 g/ml de calorías, grasas, carbohidratos, proteínas, vitaminas y minerales, además de los alérgenos.
- **Información del fabricante:** se incluirá el nombre y dirección del fabricante o distribuidor y país de origen.
- **Información legal y de seguridad:** detalles como el número de lote.
- **Símbolos de reciclaje y manejo de residuos:** indicaciones sobre cómo reciclar el empaque y el manejo adecuado de residuos.
- **Advertencias y precauciones:** información sobre posibles riesgos y las medidas de precaución que se han de tomar al usar el producto.
- **Normativas específicas** por tipo de producto.

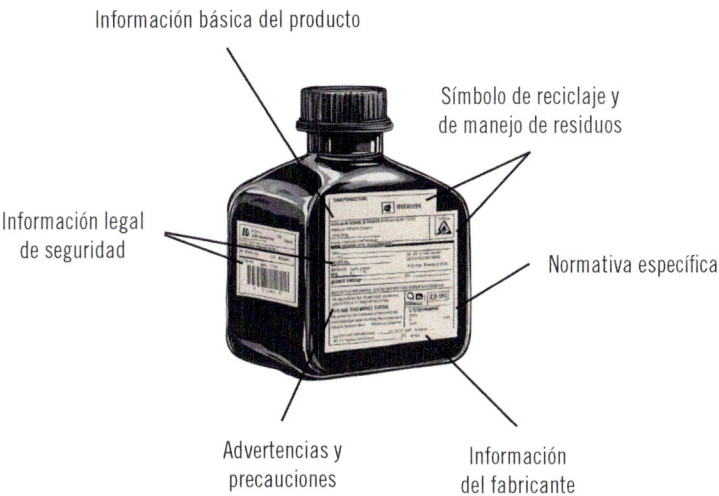

Ejemplo de bote con etiquetado de productos comerciales

Actividades

22. Busque una imagen de la etiqueta de un producto destinado a la industria gráfica que cumpla con los requisitos mencionados.

Aplicación práctica

Arbolea Gráficos Sostenibles está buscando formas de reducir su huella de carbono y mejorar su sostenibilidad. Proponga un plan para implementar el uso de materias primas sostenibles en su producción gráfica.

SOLUCIÓN

Arbolea Gráficos Sostenibles puede mejorar su sostenibilidad adoptando el uso de papel reciclado con certificación FSC y tintas a base de agua. El papel reciclado reduce la necesidad de talar nuevos árboles y disminuye el consumo de energía y agua en la producción. Al utilizar papel con certificación FSC, la empresa garantiza que el papel proviene de fuentes gestionadas de manera responsable, lo que también apoya prácticas forestales sostenibles.

Las tintas a base de agua son una alternativa más ecológica a las tintas a base de solventes, ya que emiten menos compuestos orgánicos volátiles (COV) y son menos tóxicas. Implementar estas materias primas sostenibles no solo reduce la huella de carbono de la empresa, sino que también mejora su imagen de marca entre los clientes conscientes del medio ambiente.

Para promover estos cambios, es esencial realizar una auditoría de los proveedores actuales y capacitar al personal sobre los beneficios y el uso correcto de las materias primas sostenibles.

10. Resumen

En la producción gráfica es importante conocer las materias primas y sus características para asegurar la calidad y sostenibilidad de los productos. La elección del papel, como el reciclado o con certificación FSC, influye significativamente en estos aspectos. Preparar archivos para impresión implica revisar la resolución de imágenes, convertir a CMYK, añadir sangrados y generar archivos PDF/X para evitar errores y asegurar compatibilidad.

Las técnicas de impresión, como la *offset* para tiradas grandes y la digital para tiradas cortas, deben seleccionarse según la calidad y cantidad requeridas. Los acabados, como laminados y barnizados, mejoran la estética y durabilidad de los productos impresos. Innovar en materias primas, usando papel reciclado y tintas a base de agua, reduce la huella de carbono y mejora la imagen de la empresa.

Decidir entre producción digital e impresión física depende del alcance y contexto del proyecto. Hay que tener en cuenta que la digital es más económica y rápida, mientras que la física ofrece mejor calidad y presencia tangible. Obtener certificaciones de sostenibilidad, como la FSC, refuerza el compromiso ambiental y la reputación de la empresa, con lo que atrae a consumidores conscientes del medioambiente.

En definitiva, una gestión eficaz de materias primas, técnicas de impresión, acabados y sostenibilidad asegura la calidad del producto final y la responsabilidad ambiental, y a la vez satisface las expectativas del cliente.

Ejercicios de repaso y autoevaluación

1. ¿Cuál de los siguientes no es un tipo de papel utilizado en impresión gráfica?

    a. Papel estucado
    b. Papel reciclado
    c. Papel texturizado
    d. Papel laminado

2. ¿Cuál es la principal característica del papel fotográfico?

    _____
    _____

3. Defina qué es el proceso de estucado del papel.

    _____
    _____
    _____
    _____

4. ¿Qué se entiende por calandrado del papel?

    _____
    _____
    _____
    _____

5. Indique si la siguiente frase es verdadera o falsa y justifique su respuesta: "Las tintas UV se utilizan principalmente por su rápida capacidad de secado y resistencia a la luz".

    ☐ Verdadero
    ☐ Falso

    _____
    _____

6. ¿El proceso de blanqueo del papel tiene impacto ambiental?

_____

_____

7. Enumere cuatro tipos de acabados utilizados en la impresión gráfica.

_____

_____

8. Mencione tres tipos de tintas utilizadas en la impresión y describa una característica de cada una.

_____

_____

_____

_____

9. Describa el proceso de obtención de fibras de celulosa para la fabricación de papel, mencionando las diferencias entre los métodos mecánicos y químicos.

_____

_____

_____

_____

_____

_____

_____

10. Complete la siguiente oración:

El papel _____ es conocido por su alta calidad de impresión. Es utilizado frecuentemente en la producción de revistas y catálogos.

11. Explique cómo la elección del soporte puede afectar la percepción y funcionalidad del producto gráfico. Proporcione ejemplos concretos.

_____

_____

_____

_____

_____

_____

_____

12. Clasifique los siguientes tipos de papel en categorías de uso: papel estucado, papel reciclado, papel texturizado o papel fotográfico.

    a. Uso comercial
    b. Uso artístico
    c. Uso fotográfico

    __ Papel estucado
    __ Papel reciclado
    __ Papel texturizado
    __ Papel fotográfico

13. Una cada concepto de la columna izquierda con su correspondiente descripción de la columna derecha.

a. Papel estucado b. Calandrado c. Tintas UV d. Papel reciclado e. FSC (Forest Stewardship Council)	__ Un proceso que mejora la suavidad y el brillo del papel usando rodillos calentados __ Papel producido a partir de materiales reutilizados, lo que contribuye a la sostenibilidad __ Un tipo de papel con una capa de pigmento y adhesivo para mejorar la calidad de impresión __ Una certificación que garantiza la gestión forestal sostenible y responsable __ Tintas que se secan rápidamente bajo luz ultravioleta y son resistentes a la decoloración

14. Recientemente se han incorporado notables innovaciones en la sostenibilidad de la producción de papel. ¿Qué avances se han hecho y cómo impactan en la industria gráfica?

_____
_____
_____
_____
_____
_____
_____

15. Explique la importancia de las certificaciones FSC y PEFC en la industria gráfica y cómo benefician al medioambiente y a los consumidores.

_____
_____
_____
_____
_____
_____
_____

Capítulo 4
Presupuesto del proyecto para la creación de un producto gráfico

Contenido

1. Introducción

La creación de un proyecto gráfico es un proceso integral que abarca desde la conceptualización inicial hasta la entrega del producto final. Este proceso no solo implica la aplicación de habilidades creativas y técnicas, sino también una planificación meticulosa para asegurar que el proyecto se complete a tiempo y dentro del presupuesto. La elaboración de un proyecto gráfico abarca diversas etapas (diseño, maquetación, producción y distribución), cada una con sus propios requerimientos y costes asociados.

El presupuesto para un proyecto gráfico es una herramienta crucial que permite estimar y controlar los costes a lo largo de todas las fases. Un presupuesto bien estructurado proporciona una visión clara de los gastos esperados y facilita la toma de decisiones financieras informadas. Incluye todos los costes relacionados con la creación del producto, desde los honorarios del equipo creativo y los costes de materiales hasta los gastos de impresión y distribución. Al elaborar un presupuesto detallado, se asegura la eficiencia en la asignación de recursos y se minimizan las sorpresas financieras durante el desarrollo del proyecto.

La planificación cuidadosa y un presupuesto preciso son esenciales para el éxito del proyecto gráfico, pues esto asegura que cumpla con las expectativas del cliente y optimiza la gestión de recursos y costos.

2. Análisis de las fases y distribución del trabajo

En la creación de un proyecto gráfico, el análisis de las fases y la adecuada distribución del trabajo son fundamentales para garantizar que tenga éxito.

2.1. Fases del trabajo

Las fases de elaboración de un proyecto gráfico, desde la concepción hasta la distribución, incluyen varios **pasos:**

1. **Creación del proyecto:** fase en la que se crea el proyecto.

   ▪ **Planificación y definición del proyecto:** realizar un *briefing* para entender los objetivos, el público objetivo y los requisitos del proyecto. Para ello, se analiza el mercado, la competencia y las tendencias relevantes.
   ▪ **Conceptualización y desarrollo de ideas:** se crean varias ideas y enfoques creativos a través de *brainstorming* y bocetos iniciales, que después se desarrollarán.

2. **Elaboración de maquetas y prototipos:** se realiza un diseño preliminar en el que se crean maquetas y prototipos para visualizar cómo se verá el diseño final.
3. **Fabricación:** en esta fase se desarrolla el diseño final con todos los elementos gráficos y se definen las especificaciones técnicas para la producción, como materiales y técnicas de impresión. Luego, se ajustan los archivos para la producción, se supervisa el proceso de fabricación y se realiza un control de calidad.
4. **Distribución:** incluye organizar la logística de distribución, para asegurarse de que la entrega del producto final sea correcta.
5. **Evaluación:** finalmente, será importante revisar el desempeño del diseño y su impacto en el mercado.

Fases de trabajo

Gráfico que muestra las fases de trabajo de un proyecto gráfico

Nota

El control de calidad implica revisar las especificaciones del proyecto, realizar pruebas de preimpresión, verificar que la impresión y los materiales sean los correctos, revisar la versión final del proyecto y realizar pruebas físicas.

 Actividades

1. Las pruebas de color o *proofing* son esenciales en la fase de fabricación de un proyecto gráfico. Busque información y explique en qué consisten.

2.2. Distribución del trabajo

La distribución del trabajo implica asignar tareas y responsabilidades a los miembros del equipo y coordinar sus esfuerzos. El equipo está formado por:

- **Director de proyecto:** coordina el proyecto, gestiona el cronograma y el presupuesto, y actúa como nexo entre el cliente y el equipo.
- **Diseñador gráfico:** desarrolla conceptos visuales, bocetos, maquetas y el diseño final, y se encarga de la creación de elementos gráficos.
- **Investigador de mercado:** realiza investigaciones sobre el mercado, la competencia y el público objetivo para informar el diseño.
- **Redactor:** crea y edita textos para el proyecto, como contenido para publicidad, mensajes de marca y textos de apoyo.
- **Especialista en producción:** prepara los archivos para impresión o producción, selecciona proveedores y supervisa la fabricación.
- **Especialista en impresión y acabados:** coordina la impresión, el control de calidad y los acabados del proyecto.
- **Responsable de logística y distribución:** planifica y organiza la distribución del producto final.

Una vez formado el equipo, la planificación del proyecto se inicia definiendo tareas específicas, asignando plazos y distribuyendo lo que hay que hacer entre los miembros, según sus habilidades y responsabilidades.

3. Planificación de tareas

Al comienzo de cualquier proyecto gráfico se reunirá el equipo para recopilar información clave del cliente y realizar una investigación de mercado y tendencias. Además, se desglosarán el proyecto en fases principales, se identificarán las tareas específicas y se asignarán recursos, roles y herramientas.

 Actividades

2. ¿Quiénes cree que serán los miembros que se reúnen en esta fase del proyecto?

Para ello se crea un **cronograma,** que incluye un calendario detallado con fechas de inicio y fin para cada tarea y fase del proyecto, junto con plazos e hitos intermedios para monitorear el progreso. Se planifican también las reuniones y revisiones periódicas para alinear expectativas, revisar el avance y hacer ajustes según sea necesario.

 Aplicación práctica

En una empresa de diseño gráfico, han recibido el encargo de realizar el diseño de un juego de mesa sobre vocabulario, en el que hay diferentes elementos que requerirán de un diseño propio y exhaustivo. Cree un cronograma para planificar las distintas fases del proyecto. Indique las tareas para cada fase y los días correspondientes, teniendo en cuenta los siguiente:

Continúa en página siguiente >>

<< Viene de página anterior

▍ **Semana 1-4: creación del proyecto**
▍ **Semana 5-6: elaboración de maquetas y prototipos**
▍ **Semana 7-11: fabricación**
▍ **Semana 12: distribución**
▍ **Semana 13: evaluación y cierre**

SOLUCIÓN

Semana 1-4: creación del proyecto

Día 1-2: definición de objetivos del juego, estilo visual y elementos necesarios, y recogida de las expectativas del cliente y los requisitos específicos

Día 3-5: estudio de juegos de mesa existentes y de las tendencias del mercado

Día 6-7: revisión y aprobación de la información inicial

Día 8-10: creación de bocetos de las piezas del juego, tablero, cartas y *packaging*

Día 11-13: refinado de los conceptos iniciales basados en la revisión interna

Día 14: presentación de conceptos al cliente y recepción de *feedback*

Semana 5-6: elaboración de maquetas y prototipos

Día 15-17: creación de maquetas o prototipos digitales y/o físicos del juego

Día 18-20: revisión de maquetas con el cliente

Día 21: implementación de los ajustes finales en las maquetas/prototipos

Semana 7-11: fabricación

Día 22-25: ajuste y perfeccionamiento de los diseños

Día 26-27: revisión exhaustiva de todos los diseños finales

Día 28: presentación del diseño final al cliente y obtención de la aprobación

Día 29-30: preparación y ajuste de archivos para la impresión o producción

Día 31: confirmación de que los archivos cumplen con las especificaciones

Día 32-34: supervisión del proceso de producción

Día 35-37: realización del control de calidad en las primeras unidades producidas

Día 38: aprobación final para la producción completa

Semana 12: distribución

Día 39-40: planificación de la distribución de los juegos

Día 41-42: coordinación de la entrega a clientes o puntos de venta

Día 43: confirmación de recepción y distribución final

Semana 13: evaluación y cierre

Día 44: reunión de evaluación del proyecto con el cliente.

Día 45: recopilación de *feedback* y documentación de las lecciones aprendidas

Día 46: cierre administrativo y archivo de la documentación del proyecto

4. Distribución de recursos

La distribución de recursos en un proyecto gráfico es crucial para garantizar que sea eficiente y que tenga éxito. Estos **recursos** son:

Recursos humanos
- Los recursos humanos se refieren a las personas involucradas en el proyecto, cada una con roles y responsabilidades específicas. Son los diseñadores gráficos, redactores o especialistas en producción o gerentes.

Recursos materiales
- Los recursos materiales son los elementos físicos necesarios para llevar a cabo el proyecto. Es el *software* de diseño, como *Photoshop*, *Illustrator* o *Indesign*; el *hardware*, que incluiría los ordenadores; y los materiales de producción, como el papel, las tintas y otros materiales.

Recursos financieros
- Los recursos financieros son el capital necesario para financiar todas las actividades del proyecto. Incluye el presupuesto y los costes adicionales.

Recursos técnicos
- Los recursos técnicos son los equipos y herramientas necesarios para realizar las tareas específicas del proyecto. Serían los equipos de impresión como las impresoras y las herramientas de colaboración como *Slack* o *Trello*.

Una vez identificados los recursos disponibles para el proyecto, se asignan cuidadosamente a las diferentes fases. Durante la planificación, se asegura la disponibilidad de recursos. En la fase de creación, se proporciona acceso a *software* y las herramientas de diseño, garantizando que los diseñadores cuenten con todo lo necesario para desarrollar bocetos y maquetas. Durante la fabricación, se gestiona la disponibilidad de materiales de impresión y producción, coordinando con proveedores para asegurar calidad y puntualidad en la entrega. En la fase de evaluación, se realiza un control de calidad del producto final y se revisan los gastos en relación con el presupuesto y se realizan los ajustes necesarios. Al cerrar el proyecto, se lleva a cabo una evaluación final del uso de recursos.

Nota

El monitoreo continuo es vital para el éxito del proyecto. Se incluyen reuniones regulares de seguimiento para revisar el progreso y la utilización de recursos.

Actividades

3. Se han analizado algunos de los recursos materiales que se pueden usar para elaborar un proyecto gráfico. Busque al menos cuatro recursos más y ejemplifíquelos.

5. Estimación de los tiempos necesarios para las distintas fases del proyecto

La estimación de tiempos para las fases de un proyecto gráfico implica desglosar en tareas específicas, estimando el tiempo necesario para cada una de ellas y estableciendo hitos y fechas clave.

Ejemplo

Fase de creación

▮ Planificación y definición del proyecto
  Duración estimada: 1-2 semanas
▮ Conceptualización y desarrollo de ideas
  Duración estimada: 2-4 semanas

Continúa en página siguiente >>

<< Viene de página anterior

Fase de elaboración de maquetas

Duración estimada: 3-6 semanas

Fase de fabricación

Duración estimada: 2-4 semanas

∎ Revisión y control de calidad
Duración estimada: 1-2 semanas

Fase de distribución y entrega

Duración estimada: 1-2 semanas

Fase de evaluación y cierre del proyecto

Duración estimada: 1 semana

 Actividades

4. En la fase de creación de un proyecto se dedica parte del tiempo a generar ideas, sobre todo usando la técnica del *brainstorming.* Cree un esquema usando un modelo de *brainstorming* en un proyecto de diseño de una página web sobre impresiones en serigrafía.

---

6. Asignación de tareas y tiempos para las diferentes fases del proyecto: creación, maquetas, fabricación y distribución

Para un proyecto gráfico, la asignación de tareas y tiempos debe ser cuidadosamente planificada para abarcar todas las fases clave.

En la **fase de creación,** se asignan tareas como la investigación de mercado, el desarrollo de conceptos y la generación de diseños iniciales. Es importante establecer un calendario que permita tiempo suficiente para la creatividad y el desarrollo. La investigación de mercado durará de una a dos semanas; el desarrollo de conceptos y diseños iniciales, de tres a cuatro semanas, según la complejidad del proyecto.

 Actividades

5. La investigación de mercado es un proceso sistemático de recolección, análisis e interpretación de datos sobre un mercado, un producto o servicio y los consumidores dentro de ese mercado. Busque información sobre algunas técnicas de investigación de mercado y explíquelas.

La **fase de elaboración** de maquetas abarca la creación y revisión de prototipos, tanto físicos como digitales, e incluye revisiones internas y con el cliente. Este proceso suele durar de dos a tres semanas, con tareas específicas asignadas a diseñadores y responsables de pruebas y ajustes, y tiempos establecidos para cada ronda de retroalimentación y corrección.

Durante la **fase de fabricación** se gestionan tareas como la impresión, el ensamblaje y los acabados de los materiales gráficos. Esta fase dura entre dos y cuatro semanas, según la cantidad y complejidad. Las tareas se asignan a equipos de producción y supervisores, que deben certificar que los materiales cumplen con los estándares de calidad.

Finalmente, en la **fase de distribución** se planifica la logística para la entrega de los productos finales, incluyendo embalaje, transporte y coordinación con puntos de venta o clientes. Esta fase dura de una a dos semanas, con tareas asignadas a los responsables de logística para asegurar que el calendario se ajuste adecuadamente.

 **Nota**

Es relevante la automatización de los procesos de fabricación y distribución mediante la implementación de maquinaria, *software* y sistemas que optimizan cada etapa de la producción y la logística.

7. Cálculo y planificación de costes del proyecto

La planificación de costes no solo abarca la identificación y cuantificación de los recursos financieros necesarios, sino también la elaboración de un presupuesto que permita controlar y gestionar eficazmente los gastos a lo largo de todo el ciclo del proyecto.

7.1. Costes de un producto

Calcular el coste de un producto implica la suma de todos los costes asociados a la producción.

Costes directos e indirectos

Los **costes directos** son aquellos que se pueden asignar de manera directa y específica. Incluyen los siguientes:

- **Costes de materiales:** incluyen las materias primas y componentes necesarios para ensamblar el producto final, como papel o tintas.
- **Costes de mano de obra directa:** incluyen los salarios y beneficios del personal directamente involucrado.

Los **costes indirectos** son aquellos gastos que no se pueden asignar de manera específica a un producto o servicio en particular, ya que suelen ser compartidos entre varios productos o servicios. Incluyen los siguientes:

- **Costes de fabricación:** estos gastos son necesarios para el proceso de producción. Incluyen gastos generales como el alquiler o el mantenimiento de la fábrica.
- **Costes administrativos:** son gastos relacionados con la administración y gestión que pueden ser asignados al coste del producto según el método elegido.

Costes variables y fijos

Los **costes variables** son aquellos que cambian en función del volumen de producción, como los materiales y la mano de obra directa.

Los **costes fijos** son gastos que permanecen constantes independientemente del nivel de producción, como el alquiler de la planta y la depreciación de la maquinaria.

 Actividades

6. También existen los costes semivariables o mixtos. Indique qué son y ponga un ejemplo.

7.2. Cálculo de los costes

Una vez definidos todos los costes, se podrá calcular el coste definitivo del producto. Para ello se deberán sumar los costes directos e indirectos asociados a la producción del producto:

- Coste directo total = Coste de materiales + Coste de mano de obra directa
- Coste indirecto total = Coste de fabricación + Costes administrativos

Seguidamente, se calcula el coste unitario del producto, para lo que se divide el coste total de producción entre el número de unidades producidas.

- Coste unitario = Coste total de producción / Número de unidades producidas

Finalmente, para establecer el precio de venta, se deberá añadir el margen del beneficio al coste unitario. Este margen depende de la estrategia de precios y los objetivos de rentabilidad de la empresa.

- Precio de venta = Coste unitario + Margen de beneficio

Sabía que...

El margen de beneficio es un indicador financiero que mide la rentabilidad de una empresa en relación con sus ingresos. Representa el porcentaje de ingresos que queda como beneficio después de cubrir todos los costes asociados con la producción y la venta de bienes o servicios.

Ejemplo

Supongamos que se está produciendo una serie de 1.000 unidades de un producto. Los costes directos incluyen 10.000 € en materiales y 5.000 € en mano de obra directa. Los costes indirectos, como el alquiler de la planta y la depreciación de la maquinaria, suman 8.000 €.

Coste total de producción = 10.000 € (materiales) + 5.000 € (mano de obra directa) + 8.000 € (costes indirectos) = 23.000 €

Coste unitario = 23.000 € / 1.000 unidades = 23 € por unidad

Con un margen de beneficio del 20 %, el precio de venta sería:

Precio de venta = 23 € + (20 % de 23 €) = 23 € + 4,60 € = 27,60 € por unidad.

Aplicación práctica

Una empresa de diseño gráfico está produciendo un lote de 500 pósteres promocionales para un cliente. Los costes asociados son:

- **ı** Coste de materiales: 2.500 €
- **ı** Coste de mano de obra directa: 1.200 €
- **ı** Coste de fabricación (indirecto): 1.000 €
- **ı** Costes administrativos (indirecto): 500 €

La empresa desea aplicar un margen de beneficio del 25 % para calcular el precio de venta de cada póster.

Calcule el coste directo, el coste indirecto, el coste total de producción, el coste unitario y, finalmente, el precio de venta final del producto aplicando el margen de beneficio. Debe indicar el cálculo de todos los pasos.

SOLUCIÓN

1. **Coste directo total** = 2.500 € + 1.200€ = **3.700 €**
2. **Coste indirecto total** = 1.000 € + 500 € = **1.500 €**
3. **Coste total de producción** = Coste directo total + Coste indirecto total = 3.700 € + 1.500 € = **5.200 €**
4. **Coste unitario** = Coste total de producción / Número de unidades producidas = 5.200 € / 500 = **10,40 € por unidad**
5. **Precio de venta:**

    - **ı** Margen de beneficio en euros = 25 % de 10,40 € = 0,25 × 10,40 € = **2,60 €**
    - **ı** **Precio de venta por unidad** = 10,40 € + 2,60 € = **13,00 €**

8. Suministro por parte del cliente, compra o realización de los mismos

En un proyecto gráfico, la gestión de recursos y materiales es clave para asegurar la calidad y eficiencia en la producción. Esto puede implicar la adquisición de suministros mediante tres **métodos:**

- **Suministro por parte del cliente:** en algunos proyectos gráficos, el cliente proporciona los materiales necesarios, como archivos de diseño o materiales físicos específicos. Este método ahorra al proveedor los costes de adquisición, pero puede generar problemas logísticos y de producción si los productos son incorrectos.
- **Compra directa por parte del proveedor:** el proveedor adquiere todos los materiales necesarios, desde insumos de impresión hasta herramientas. Aunque esto garantiza la calidad y seguridad del proceso, también puede incrementar el coste final del proyecto.
- **Realización interna de los materiales:** en algunos casos, el proveedor produce internamente ciertos materiales o componentes, como papeles especiales o prototipos. Esto ofrece mayor control sobre la personalización y calidad, pero requiere mayor inversión.

Actividades

7. ¿Cuál de los métodos mencionados cree que es el mejor para gestionar el suministro de materiales? ¿Con cuál se generarían menos pérdidas para la empresa?

9. Definición de las herramientas para la valoración del trabajo a realizar

La valoración del trabajo en un proyecto gráfico es esencial para asegurar que se cumplan los objetivos en términos de calidad, plazo y coste. Para ello, se utilizan diversas herramientas y técnicas que analizan el trabajo.

9.1. Diagramas de Gantt y Pert

Los **diagramas de Gantt** y los **diagramas PERT** *(Program Evaluation and Review Technique)* son herramientas esenciales en la planificación y gestión de proyectos, cada una con sus características y ventajas particulares.

El **diagrama de Gantt** es una herramienta de gestión visual que representa el cronograma de un proyecto. Facilita la visualización de las tareas, la asignación de recursos, la gestión de plazos y el seguimiento del progreso.

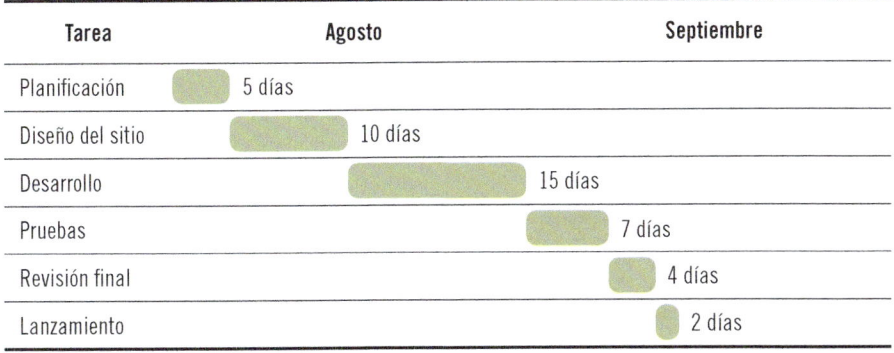

Tarea	Agosto	Septiembre
Planificación	5 días	
Diseño del sitio	10 días	
Desarrollo	15 días	
Pruebas	7 días	
Revisión final	4 días	
Lanzamiento	2 días	

En un diagrama de Gantt, las tareas se representan mediante barras horizontales en una línea de tiempo.

El **diagrama PERT** es una herramienta de gestión de proyectos que se utiliza para analizar y representar las tareas involucradas en un proyecto, así como sus relaciones y tiempos estimados. Para cada tarea, se estiman tres tiempos:

- **Tiempo optimista (O):** el tiempo mínimo necesario si todo sale perfectamente.
- **Tiempo pesimista (P):** el tiempo máximo necesario si surgen problemas.
- **Tiempo más probable (M):** el tiempo más probable en condiciones normales.

Con estos tiempos, se calcula el tiempo esperado para cada tarea usando la fórmula de PERT:

$$T_{esperado} = \frac{O + 4M + P}{6}$$

Nota

El diagrama de PERT ayuda a identificar la ruta crítica del proyecto, que es la secuencia de tareas que determina la duración total del proyecto. La ruta crítica es la cadena más larga de tareas dependientes y no tiene margen para retrasos sin afectar al proyecto.

Aplicación práctica

Una empresa de diseño gráfico está planificando un proyecto para crear un nuevo catálogo de productos. El proyecto incluye varias tareas que se especifican. Calcule el tiempo esperado (TE) para cada tarea utilizando la fórmula PERT y complete la siguiente tabla con los resultados.

SOLUCIÓN

Tarea	Tiempo optimista (O)	Tiempo probable (P)	Tiempo pesimista (T)	Tiempo esperado (T)
Reunión inicial	2 días	4 días	6 días	*4 días*
Investigación	5 días	7 días	10 días	*7,17 días*
Diseño preliminar	3 días	5 días	8 días	*5,17 días*
Revisión y *feedback*	1 día	3 días	5 días	*3 días*
Diseño final	4 días	6 días	9 días	*6,17 días*
Preparación para impresión	2 días	3 días	5 días	*3,17 días*

Permite evaluar la incertidumbre y los riesgos del proyecto al considerar variaciones en los tiempos de las tareas. El análisis de PERT puede mostrar cómo los retrasos en las tareas afectan el proyecto en general.

El diagrama de PERT se representa como un gráfico de nodos con flechas que indican el flujo del proyecto desde el inicio hasta el final.

 Actividades

8. Realice un diagrama de Pert y un diagrama de Gantt para el mismo proyecto. Indique cuál le resulta más simple y efectivo.

9.2. Indicadores de rendimiento (KPI)

Los KPI son métricas que evalúan el éxito y la eficacia de un proyecto u organización en el logro de sus objetivos estratégicos. Algunos de los KPI más relevantes son:

- **KPI de ventas:** miden el rendimiento de las actividades de venta en una empresa. Ejemplo: el volumen de ventas.
- **KPI de *marketing:*** evalúan la eficacia de las actividades de *marketing.* Ejemplo: el tráfico web.
- **KPI financieros:** reflejan el estado financiero de una empresa. Ejemplo: el retorno sobre la inversión (ROI).
- **KPI de logística:** miden el rendimiento de las operaciones logísticas. Ejemplo: el tiempo de ciclo de pedidos.
- **KPI de producción:** evalúan el rendimiento en el proceso de producción. Ejemplo: el índice de defectos fabricación.

- **KPI de recursos humanos:** miden la efectividad de las funciones de gestión de personal. Ejemplo: el índice de satisfacción.
- **KPI de calidad:** evalúan la calidad de productos o servicios ofrecidos. Ejemplo: tasa de devolución de productos.

Definición

Ratio de endeudamiento
Es un indicador financiero que mide la proporción de los recursos totales de una empresa que se financian con deuda.

9.3. Otras herramientas

Además de las mencionadas, también existen otras técnicas eficaces a la hora de valorar el trabajo que realizar. Destaca el *software* de gestión de proyectos y las evaluaciones de calidad.

Software de gestión de proyectos

El *software* de gestión de proyectos es una herramienta o programa que desglosa el proyecto en tareas y subtareas, asigna responsables, establece fechas, y facilita la creación de cronogramas y diagramas de Gantt. También incluyen herramientas para la gestión del presupuesto y el control de costos. Ejemplos: *Microsoft Project, Asana, Trello* y *JIRA*.

Evaluación de calidad

Las evaluaciones de calidad son procesos sistemáticos que aseguran que los productos, servicios o proyectos cumplan con los estándares establecidos. Los estándares y criterios que se utilizarán para medir la calidad son:

- **Normas técnicas:** especificaciones técnicas y operativas.
- **Requisitos del cliente:** expectativas y necesidades del cliente.
- **Regulaciones y normativas:** leyes y directrices de la industria.

Nota

La propiedad intelectual debe ser considerada como un componente crítico en las evaluaciones de calidad, asegurándose de que todas las partes interesadas cumplan con los requisitos legales, técnicos y contractuales pertinentes para garantizar la integridad y protección adecuada de los derechos asociados.

Actividades

9. En el diseño gráfico, una de las pruebas de evaluación de calidad más comúnmente utilizadas es la revisión visual del producto. Indiqué qué pruebas se podrían realizar en esta revisión.

10. Contratación y subcontratación de servicios: creativos, maquetadores, originalistas, imprenta, fotografía, *copies*

La **contratación y subcontratación de servicios** en un proyecto gráfico implica delegar ciertas tareas a profesionales o empresas externas especializadas, para asegurar plazos y calidades previstas.

Definición

Subcontratación
Proceso mediante el cual una empresa externaliza parte de sus actividades o servicios a terceros, en lugar de realizar esos trabajos internamente.

Los servicios gráficos que suelen ser susceptibles de ser tanto contratados como subcontratados a otras empresas son:

Servicios creativos
- Servicios proporcionados por diseñadores gráficos, directores de arte y otros creativos encargados de conceptualizar y desarrollar el proyecto.

Maquetadores
- Profesionales encargados de la disposición de elementos gráficos y textuales en documentos impresos o digitales, asegurando que el diseño sea funcional y estéticamente atractivo.

Originalistas
- Expertos que preparan los archivos finales para impresión, que verifican que todos los elementos gráficos, textos y colores han quedado ajustados.

Imprenta
- Empresas que se encargan de la impresión física de los productos gráficos, como folletos, tarjetas de visita, *packaging*, entre otros.

Fotografía
- Servicios de captura y edición de imágenes profesionales que se integran en el diseño gráfico.

Copies
- Redactores y editores responsables de crear, revisar y corregir los textos utilizados en los proyectos gráficos.

Actividades

10. Busque diferentes actividades que puede realizar un *copy* y explique por qué es esencial su contratación o subcontratación.

11. Detección de las variables a medir en cualquier proyecto de producto gráfico

En un proyecto de producto gráfico, las variables son características específicas que se pueden medir, controlar o ajustar para evaluar el rendimiento, la calidad y el éxito del producto final. Algunas de estas **variables** son:

- **Variables de calidad:** se centran en los estándares y especificaciones del producto. Son la resolución y color.
- **Variables de tiempo:** se enfocan en la duración y los plazos del proyecto. Son los plazos de entrega y la duración de la producción.
- **Variables de costes:** se relacionan con los gastos asociados al proyecto. Serían los costes de producción y los de diseño.
- **Variables de rendimiento:** miden la eficiencia y la efectividad del proceso de producción, evaluando la resistencia del producto.
- **Variables de satisfacción del cliente:** están orientadas a la percepción del cliente sobre el producto final.
- **Variables ambientales:** evalúan el impacto del proyecto sobre el medio ambiente, incluyendo la utilización de materiales reciclables o la reducción de emisiones.

Nota

Para evaluar la variable de satisfacción del cliente también se mediría la tasa de rechazo, que mide el número de productos rechazados o devueltos debido a defectos o insatisfacción.

11.1. Idiomas, unidades y tipo de papel

En la elaboración y planificación de un proyecto gráfico, el **idioma** juega un papel esencial. El uso del inglés como idioma global ofrece ventajas significativas. Al ser uno de los idiomas más hablados internacionalmente, facilita la comunicación y colaboración entre equipos globalmente distribuidos, permitiendo a diseñadores, clientes y proveedores de diferentes países compartir ideas e instrucciones de manera efectiva. Además, estandariza la documentación del proyecto, lo que reduce el riesgo de errores derivados de la traducción de términos técnicos y de diseño.

Las **unidades** de medida son igualmente importantes en la planificación de un proyecto gráfico, ya que aseguran la precisión en las dimensiones y escalas del diseño. Las unidades más comunes en diseño gráfico son:

- **Píxeles:** son las unidades básicas de medida en imágenes digitales, representan puntos con color e intensidad en una matriz organizada en filas y columnas.
- **Puntos:** son utilizados para definir el tamaño de elementos tipográficos y detalles gráficos. Un punto equivale a 1/72 de pulgada. Esta unidad es clave para especificar tamaños de fuentes y espaciado en documentos impresos.
- **Milímetros:** son parte del sistema métrico y se utilizan para medir dimensiones físicas, como tamaños de páginas y márgenes.

El **tipo de papel** seleccionado para el proyecto afecta tanto la estética como la funcionalidad del producto final. Los diferentes tipos de papel, que ya se vieron en el capítulo anterior, ofrecen características variadas en términos de textura, peso, acabado y capacidad de absorción de tinta. El papel influye en la calidad de impresión, la durabilidad y la percepción del cliente.

11.2. Elaboración de ofertas y presupuestos: cálculo y planificación de costes

La elaboración de ofertas y presupuestos es esencial en la gestión de proyectos gráficos, ya que establece un marco financiero claro. Para calcular y planificar costes de manera efectiva, es crucial primero definir el alcance del proyecto, o sea, identificar las necesidades del cliente y los objetivos.

Luego, se deben calcular los costes asociados a cada fase del proyecto, considerando materiales, mano de obra y gastos indirectos. Es recomendable utilizar herramientas de gestión financiera para facilitar estos cálculos.

Una vez que se han establecido los costes, se elabora una oferta clara y detallada, que no solo refleje los precios, sino también el valor añadido del trabajo. Esto ayuda a comunicar los beneficios a largo plazo al cliente.

Además, es importante incluir el proceso de facturación, que las facturas sean precisas y se envíen a tiempo.

 Actividades

11. ¿Cree que siempre se debe enviar una factura para realizar el cobro de un servicio o producto gráfico? ¿Por qué?

12. Resumen

La planificación y elaboración de un presupuesto detallado para un proyecto gráfico es fundamental para garantizar su éxito tanto desde el punto de vista creativo como financiero.

Un presupuesto bien estructurado no solo permite una gestión eficiente de los recursos y una correcta distribución de las tareas, sino que también minimiza los riesgos de desviaciones económicas durante el proceso de producción.

La identificación precisa de los costes directos e indirectos, junto con la consideración de márgenes de beneficio adecuados, asegura que el proyecto se mantenga dentro de los límites financieros establecidos, lo cual permite alcanzar los objetivos de rentabilidad.

Además, el uso de herramientas de estimación y planificación, como los diagramas de Gantt y PERT, contribuye a una organización más eficaz del trabajo, pues asegura que todas las fases del proyecto se completen a tiempo y según los estándares de calidad esperados.

En definitiva, la combinación de una gestión meticulosa del presupuesto y una adecuada distribución de recursos no solo garantiza la viabilidad económica del proyecto, sino que también optimiza el resultado final, satisfaciendo tanto las expectativas del cliente como los objetivos de la empresa.

Ejercicios de repaso y autoevaluación

1. ¿Qué es el presupuesto de un proyecto gráfico?

_____
_____
_____
_____

2. Indique si la siguiente definición pertenece a los costes directos o indirectos de un producto.

"Son aquellos gastos que se pueden asignar directamente a la producción de un producto gráfico, como los costes de materiales y mano de obra directamente involucrada en el diseño y fabricación del producto."

_____
_____

3. Una los conceptos con sus definiciones correctas.

     a. Costes directos
     b. Costes indirectos
     c. Diagrama PERT
     d. Margen de beneficio

     __ Utiliza nodos y flechas para representar tareas y dependencias.
     __ Gastos que no se pueden asignar directamente a un producto específico.
     __ Diferencia entre el coste total y el precio de venta.
     __ Gastos directamente relacionados con la producción del producto.

4. ¿Qué es un diagrama de Gantt?

_____
_____
_____
_____

5. ¿En qué fases del proyecto gráfico se realizan las siguientes tareas?

a. Supervisión del proceso de producción.
b. Reunión de *briefing* inicial con el cliente.
c. Revisión de maquetas con el cliente.
d. Coordinación de la entrega del producto final.

__ Maquetas
__ Creación
__ Distribución
__ Fabricación

6. Complete las frases con las palabras correctas.

El diagrama _____ utiliza tiempos optimistas, probables y pesimistas para calcular el tiempo esperado.

La _____ de costos es fundamental para un presupuesto preciso.

7. ¿Qué tipo de diagrama es útil para visualizar el cronograma de un proyecto?

_____
_____

8. Indique si las siguientes afirmaciones son verdaderas o falsas.

a. Los costes directos incluyen el alquiler de la planta y los sueldos del personal administrativo.

☐ Verdadero
☐ Falso

b. El diagrama de PERT es ideal para mostrar el cronograma de un proyecto con barras horizontales.

☐ Verdadero
☐ Falso

    c. El margen de beneficio es el porcentaje añadido al coste unitario para establecer el precio de venta.

       ☐ Verdadero
       ☐ Falso

9. **Enumere las fases del proyecto gráfico en orden cronológico.**

_____

_____

_____

_____

10. **¿Cuáles son los pasos para calcular el precio de venta de un producto gráfico?**

_____

_____

_____

_____

11. **Explique la importancia del control de calidad en la fase de fabricación de un proyecto gráfico.**

_____

_____

_____

_____

12. **¿Por qué es importante incluir un margen de beneficio en el cálculo del precio de venta?**

_____

_____

_____

_____

13. Explique cómo el diagrama PERT ayuda a gestionar la incertidumbre en un proyecto gráfico.

_____

_____

_____

_____

14. Enumere los tipos de recursos que deben gestionarse en un proyecto gráfico.

_____

_____

_____

_____

15. Explique cómo la correcta distribución de recursos humanos influye en el éxito de un proyecto gráfico.

_____

_____

_____

_____

_____

_____

_____

Bibliografía

Monografías

▌ ABDEL Wahab, H. y ELSAWY M. M.: *Tintas de impresión.* Ediciones Nuestro Conocimiento, 2021.

▌ AIREY, D.: *Identity Designed: The Process: Research, Strategy, Design, Implementation.* Rockport Publishers. Beverly, MA, 2024.

▌ BALAGUÉ DOMÉNECH, J.C.: *Cálculo de costes y precios de facturación de los servicios profesionales.* A Coruña: Colex Editorial, 2024.

▌ DESIGN 360° MAGAZINE.: *Acabados de impresión para diseñadores gráficos: introducción, aplicaciones e inspiración.* Barcelona: HOAKI, 2023.

▌ ELDIN, H.B.: *Técnicas y métodos de impresión: técnicas de impresión.* Ediciones Nuestro Conocimiento, 2022.

▌ EMD.: *Artes Gráficas - Materias primas: soportes, tintas, impresoras, calidad, seguridad y evaluación.* EMD Ediciones, 2021.

▌ FOSTER, J. Y LÓPEZ, A.: *Papel y tinta: un catálogo de técnicas, métodos y materiales para imprimir.* Barcelona: Editorial GG, 2015.

▌ FRANCO, T.: *Product Design Process: The manual for Digital Product Design and Product Management.* Lisboa: Imaginary Cloud Limited, 2019.

▌ INDEX BOOK: *Desarrollo de un proyecto gráfico.* Barcelona: Index Book, 2010.

⦀ KIRZNER, I. M.: *Competencia y empresarialidad.* Madrid: Unión Editorial, 2020.

⦀ LUNA, C.: *Manual de gestión de la calidad. AMG.* Sevilla: Universidad de Sevilla, 2014.

⦀ MARTÍNEZ, J. A.: *Control de calidad.* Universitat Oberta de Cataluña, Barcelona, 2018.

⦀ MORRIS, R.: *Fundamentos del diseño de productos (diseño gráfico).* Barcelona: Parramón, 2013.

⦀ MUÑIZ González, L.: *Control presupuestario: planificación, elaboración, implantación y seguimiento del presupuesto.* Barcelona: Profit Editorial, 2009.

⦀ RAMÍREZ, R.: *De la pantalla al papel: procesos digitales y de impresión.* Michigan: Independently published, 2024.

⦀ RODGERS, P.: *Diseño de producto.* Barcelona: HOAKI, 2020.

⦀ SAINZ DE VICUÑA, J. M.: *El plan de marketing en la práctica (libros profesionales).* Madrid: ESIC Editorial, 2022.

⦀ SANTARSIERO, H. M.: *CMYKé?! Preimpresión preprensa.* Buenos Aires: Triñanes gráfica, 2022.

⦀ SAPPI: *La química en la imprenta. Tinta y papel. Explorando las principales variables de la impresión.* Bruselas: Sappi, 2004.

⦀ TOVAR Jiménez, J.: *Finanzas y presupuestos (interpretación y elaboración).* Madrid: Centro de Estudios Financieros, 2023.

Textos electrónicos, bases de datos y programas informáticos

⦀ AENOR, de: <https://www.aenor.com/>.

⦀ Análisis de mercado, de:
<https://blog.hubspot.es/marketing/como-hacer-analisis-mercado>.

▌Analizar la competencia, de:
<https://asana.com/es/resources/competitive-analysis-example>.

▌Boletín Oficial del Estado para normativas, de: <https://www.boe.es/buscar/>.

▌Calcular el precio de un producto, de:
<https://blog.hubspot.es/sales/como-calcular-precio-producto>.

▌Clasificación de las empresas, de:
<https://asesor-online.com/19-tipos-de-empresas-clasificacion-y-sectores/>.

▌Contratación y subcontratación, de: <https://www.mintur.gob.es/PortalAyudas/>.

▌Definición de *briefing,* de: < https://asana.com/es/resources/project-brief>.

▌Diagramas de Gantt y de Pert, diferencias, de:
<https://blog.ganttpro.com/es/diagrama-de-pert-vs-diagrama-de-gantt/>.

▌Diseño de ilustraciones y gráficos, de: <https://www.canva.com/>.

▌El *copy* y sus funciones, de: <https://www.seoestudios.es/que-es-un-copy-seo/>.

▌El diseño de proyectos, de: <https://asana.com/es/resources/project-design>.

▌El público objetivo, de:
<https://rockcontent.com/es/blog/como-definir-el-publico-objetivo/>.

▌Etiquetado de productos, de: <https://packhelp.es/etiquetas-de-productos-que-tipos-hay-y-que-informacion-deben-contener/>.

▌Fabricación del papel, de:
<https://www.comercialaviles.com/blog/como-se-hace-el-papel/>.

▌Hacer un presupuesto, de:
<https://www.ismedioambiente.com/como-hacer-un-presupuesto/>.

❚ La creatividad en las artes gráficas, de:
<https://itcanph.com/2019/09/10/el-arte-grafico-y-la-creatividad/>.

❚ Las artes gráficas, procesos y aplicaciones, de:
<https://www.calcomaniasgrao.com/artes-graficas-procesos-tipos-aplicaciones/>.

❚ Las fuentes de información, de:
<https://www.ugr.es/~anamaria/fuentesws/Intro-FI.htm>.

❚ Los KPI, de: <https://www.holded.com/es/blog/>.

❚ Los procesos de impresión, de: <https://www.realisaprint.es/actualidad/productos/
todo-sobre-los-procesos-de-impresion/>.

❚ Los sectores empresariales, de:
<https://es.indeed.com/orientacion-laboral/buscar-trabajo/sector-empresarial>.

❚ Los soportes digitales, de: <https://www.esic.edu/rethink/marketing-y-comunicacion/
que-son-los-soportes-digitales>.

❚ Metodología del proyecto gráfico, de: <https://reader.digitalbooks.pro/content/
preview/books/38736/book/OEBPS/Text/c1.html>.

❚ Normativa UNE, de:
<https://www.une.org/encuentra-tu-norma/busca-tu-norma/norma?c=N0040991>.

❚ Planificación de tareas, de: <https://fundacionuniversidadempresa.es/es/blog-como-
hacer-un-plan-de-asignacion-de-tareas-en-tu-empresa/>.

❚ Proceso de fabricación del papel, de: <https://laprestampa.com/el-proceso-grafico/
materiales-productos-y-soportes/fabricacion-del-papel/>.

❚ Programas de *Adobe Creative Cloud,* de:
<https://www.adobe.com/es/creativecloud.html>.

❚ Soportes no papeleros para impresión, de:
<https://www.clickprinting.es/blog/los-materiales-base-para-impresion-utilizados>.

▌ Tipos de costes de producción, de: <https://www.econfinados.com/post/tipos-de-costes-de-produccion-fijos-variables-directos-e-indirectos>.

▌ Valores empresariales, de: <https://www.obsbusiness.school/blog/valores-empresariales-que-no-pueden-faltar-en-tu-negocio>.